GRENOBLE AUTREFOIS

JEAN-JACQUES DE CORCELLES

GRENOBLE AUTREFOIS

Images retrouvées de la vie quotidienne

Collection : Vie quotidienne autrefois

Editions HORVATH

à Michel HANNOUN,
à André VALLINI,
pour les remercier de l'amitié qu'ils me témoignent.

« Puisse l'histoire des hommes réconcilier leurs fils »,
J.-J. de Corcelles.

REMERCIEMENTS

Pour raconter cette histoire, nous avons largement emprunté au livre *Centenaire du lycée Champollion* édité à l'occasion de la célébration du centenaire de la construction du lycée. Prenons le temps d'une ligne pour remercier Monsieur Huau, proviseur, pour l'accueil chaleureux qu'il nous accorda.

ICONOGRAPHIE

Les cartes postales et les photographies reproduites dans cet ouvrage, outre celles de l'auteur, ont été très aimablement communiquées par la Bibliothèque Municipale de Grenoble (fonds Duchemin, Poulat et Ferrand), le Musée Dauphinois, Merlin et Gerin, les gants Perrin, Générale Biscuits France (Biscuits Brun), Le Progrès, le Pèlerin, les Archives départementales de l'Isère et Madame Charlotte Castella-Perrachon, à qui l'auteur et l'éditeur adressent un chaleureux remerciement.

Couverture : Conception Alain BOULDOUYRE

93/95 rue Vendôme
69006 LYON
ISBN : 2-7171-0835-1

SOULEVONS LE VOILE...

Grenoble n'aime pas se livrer aux regards des curieux, bien qu'elle donna naissance au premier syndicat d'initiative de France. Alors qu'elle aime à être courtisée puis ravie, elle s'est outrageusement offerte au monde en accueillant les Jeux Olympiques d'hiver en 1968 ; mais très vite elle a retrouvé sa vie calme d'une ville de montagne, chaleureuse mais secrète. A Grenoble il n'y a rien de spectaculaire parce qu'ici tout est grandiose : regardez cet écrin de montagnes avec les Alpes, le Vercors et la Chartreuse.

C'est ici que naquit, en 1788, la Révolution que le monde nous envie ; c'est ici que la houille blanche qui métamorphosa l'industrie, vit le jour. Grenoble est une ville au service de l'évolution, une ville d'avenir qui avance au pas calme du montagnard, posant bien à plat un pied après l'autre sans jamais en laisser un en suspend.

Grenoble demeura enclose dans ses enceintes jusqu'au XIXe siècle qui marqua le début d'une croissance incomparable. En quelques pages et photographies nous allons vivre l'adolescence de Grenoble, la capitale des Alpes...

LORSQUE SE ROMPIT LA CARAPACE !

« Entendez-vous mon ami ? Il semblerait que la ville essaie de bouter hors de ses enceintes !

– De Cularo à Grenoble elles furent nombreuses ces murailles qui enserraient la ville jusqu'à l'étouffer dans une puissante tenaille. Plusieurs fois la ville sortit de ses murs et de nouveaux quartiers virent le jour.

– Contez-moi l'aventure de ces murs.

– En quelques mots seulement car je voudrais réserver mon récit à la vie nouvelle de Grenoble, à son agrandissement et à son embellissement. Ainsi donc longtemps avant Grenoble il y eut Cularo, petite cité gallo-romaine, qui dès 286 se dota d'une enceinte propre à la protéger d'éventuels envahisseurs. On remplaça la palissade de bois par des remparts dont la base mesurait près de quatre mètres. Cette enceinte contenait l'actuel Palais de Justice, la rue Chenoise, la place Notre-Dame, une partie de la place Saint-Claire, la rue Jean-Jacques-Rousseau, la Grande-rue, le Jardin-de-Ville, la place de Gordes. Deux portes seulement livraient accès à la ville : la porte Jovia au bout de la Grande-rue vers la place Grenette, et la porte Herculea au débouché de la rue Chenoise sur la place Notre-Dame ; la première fut démolie en 1591, la seconde le fut en 1804.

Au cours du Moyen Age, quelques faubourgs poussèrent autour de l'enceinte, qui demeura celle construite par les Romains jusqu'au XVIe siècle où le connétable de Lesdiguières décida de fortifier la rive droite de l'Isère. Ce furent les premiers travaux au Rabot et la naissance de la porte Saint-Laurent, ainsi que celle de la porte de France. Les successeurs du dernier connétable du royaume de France, les Créqui de Bonne, continuèrent l'œuvre de Lesdiguières. Ces enceintes aussi majestueuses qu'elles aient pu être vieillirent, et le XIXe siècle arriva sans qu'aucun travail d'amélioration ni même d'entretien y fût pratiqué. Des murs bien désuets et quelque peu lépreux ne pouvaient guère protéger une ville qui, grandissant, attirait les convoitises, d'autant qu'était proche la frontière avec la Savoie.

La porte de France.

PLAN DES ENCEINTES SU

LÉGENDE.

Enceinte romaine bâtie par les empereurs Dioclétien et Maximin à la fin du III° siècle de notre ère.

Agrandissements exécutés du XIII° au XVI° siècle.

Enceinte du duc de Lesdiguières commencée en 1591.

Agrandissement projeté en 1626 par l'ingénieur Calignon de Peyrins, commencé en 1639, interrompu la même année et repris en 1670 par le duc de Créquy.

Enceinte moderne commencée en 1832 sous la direction du général Haxo et du commandant Gay.

Voie romaine de Vienne en Italie.

Ancien lit du Draguet.

Porte Viennoise ou Herculéenne appelée au moyen âge porte de l'Évêché, démolie en 1804.

Porte Romaine ou Jovienne, appelée au moyen âge porte Trivoire ou porte Traine, démolie en 1591.

Porte derrière le cloître, Porte du pont,	Bâties au commencement du XIII° siècle.
Porte Pertuisière, Passage de l'Aiguier, Ancienne porte St-Laurent, Porte Chalemont, Portail de la Perrière,	Construits à la fin du XIII° siècle.

Echelle d

CESSIVES DE GRENOBLE.

LÉGENDE.

10. Tour de l'Hôtel-de-Ville, actuellement réduit de la citadelle, bâtie en 1401.

11. Porte de l'Ile, bâtie au commencement du xve siècle.

12. Porte de la Perrière construite en 1533.

13. Porte du Breuil ou porte neuve, construite en 1548.

14. 15. Anciennes redoutes construites au commencement du xvie siècle.

16. Deuxième porte de Très-Cloîtres.

17. Première porte de Bonne construite avec les matériaux de la porte Traine.

18. Deuxième porte de Bonne bâtie avec les matériaux de l'ancienne.

19. Première porte de Créquy ou de la Graille.

20. Bastion de Sault ou de l'Arsenal.

21. Bastion de Rosny.

22. Bastion de Morges.

23. Bastion de Créquy.

24. Bastion de Lesdiguières.

25. Bastion de la Reine.

26. Premier bastion Dauphin.

27. Premier bastion de France.

28. Deuxième bastion Dauphin.

29. Bastion de Richelieu.

30. Deuxième bastion de France.

Les faubourgs, jadis clairsemés le long de l'enceinte romaine, s'étaient densifiés et il convenait dès lors d'en protéger la population nombreuse. Le ministère de la Guerre s'intéressa de près, de très près à Grenoble qui devait devenir "la base des opérations militaires dans les Alpes". Si tout le monde semblait d'accord sur le fait qu'il fallait construire de nouvelles fortifications – les militaires pour cause de stratégie, la municipalité pour raison de développement économique – personne ne l'était lorsqu'il s'agit de prendre en charge le coût des travaux. L'Armée voulait que ce fut la ville qui délia sa bourse ; la ville n'avait pas un budget et ne pouvait acheter les 80 hectares nécessaires. In fine, le conseil des Ministres trancha : la ville rachèterait à l'Armée les 15 hectares libérés par les anciennes fortifications et l'Armée se chargerait de l'acquisition des terrains des futures fortifications. Mais un nouveau litige apparut entre les protagonistes, au sujet du prix de cession des 15 hectares libérables : l'Armée en voulait 750 000 francs, la ville n'en proposait que 250 000 francs. Après de multiples expertises, l'on convint que la ville verserait 400 000 francs et qu'elle cèderait gracieusement, à l'Armée, des terrains qu'elle possédait hors l'enceinte. En 1875 le "conflit" existait encore à propos, cette fois, des charges entraînées par la démolition des anciennes fortifications et les travaux d'assainissement subséquents. Puis ce fut un litige à propos de savoir qui, des Domaines ou de la ville, devait lotir les terrains des ex-fortifications. De chacune de ces batailles la ville sortit vainqueur, du moins "avec les honneurs de la guerre".

C'est dans ce dédale de querelles que deux maires menèrent à bout de bras, sans faillir au devoir, le développement de Grenoble.

Le premier fut Hugues Berriat (maire de 1835 à 1842) à qui il convient de réserver quelques lignes ici, bien que son œuvre se situe à une époque hors et lointaine de celle qui nous retient dans cet ouvrage. Mais sans Berriat et son combat Grenoble aurait-elle pu devenir ce qu'elle est ? Edouard Rey aurait-il seulement pu envisager le moindre soupçon de l'œuvre dont nous parlerons plus avant ?

Hugues Berriat pensait que l'industrie nouvelle devait impulser de nouveaux quartiers vers le sud de la ville. La crise bancaire de 1840 et les difficultés économiques qui en découlèrent, alliées aux difficultés d'obtenir de l'Armée le déclassement puis la démolition des remparts, eurent pour conséquence que cette extension ne se fit point sous le mandat de Berriat. Ce fut vers l'ouest que grandit Grenoble, sur un espace jadis conquis sur le Drac et demeuré désert.

Construction de la place Victor-Hugo.

Hugues Berriat. (Bibliothèque municipale).

Ainsi Berriat obtint la modification des limites médiévales de la ville, pour revenir à celle naturelle constituée par le Drac. Là s'installèrent les usines de la Frise, la gare et quelques cités ouvrières. Ces dernières égrénaient leurs maisons uniformes le long d'une voie que Hugues Berriat fit percer et à laquelle on donna son nom, après son décès, en 1854. Notons, au passage, que le pont du Drac, le premier pont métallique, ne vit le jour qu'en 1889 sous l'impulsion de commerçants et d'industriels qui fondèrent une société d'exploitation et qui proposèrent d'en rembourser le prix de construction, grâce à un péage durant 101 ans.

Le pont sur le Drac.

Le quartier de la Frise.

Là ne s'arrête pas l'œuvre de Berriat puisque Grenoble lui doit aussi l'éclairage au gaz, la construction de nouveaux ponts, la "percée" de quartiers anciens et la création de nouvelles rues, la construction des quais, le pavage des rues...

La ville avait grand besoin de s'aérer, car si déjà le baron d'Hausez en 1833 écrivait « les rues de Grenoble sont étroites, vilaines, la place petite, la ville bruyante et d'un aspect canaille. », Adolphe Joanne dans son *Guide du voyageur en Dauphiné* de 1862, n'offrait pas une meilleure description : « Autant la nature est admirable, autant la ville déplait justement aux étrangers. La vue et l'odorat y ont trop à souffrir. Il faut avoir été habitué dès l'enfance à de si dégoûtants spectacles, à de si puantes odeurs, pour pouvoir les supporter sans d'énergiques protestations. Les maisons sont beaucoup plus malpropres que les rues ; la plupart des allées et des escaliers ressemblent à des dépôts publics d'immondices. » Malgré tout, la population voyait d'un assez mauvais œil cette extension de la ville ; il est vrai qu'à une époque où n'existaient que peu de transports en commun, se rendre en de tels endroits présentait, sans doute, de réels inconvénients. Et c'est bien dans ce sens que les protestations furent formulées lorsqu'on projeta, en 1856, d'implanter la gare dans ces nouveaux quartiers ouverts par Berriat. On parla alors, dans les journaux, de localité tout à fait isolée dans un lieu insalubre et dangereux d'un accès incommode, au détriment d'une grande partie de la vieille ville. L'administration muncipale, clairvoyante, passa outre ces protestations et la gare fut inaugurée en 1858.

Et comme décidément les mauvais esprits conservateurs ont la vie dure et tenace, ils ne manquèrent pas de vilipender la municipalité, lorsqu'elle décida de donner naissance à une "nouvelle ville administrative" autour d'une nouvelle place : là on construisit la préfecture, l'hôtel de la division, l'école d'artillerie, le musée-bibliothèque, le palais de l'Université. Ce fut aussi dans ce quartier que s'érigèrent l'école normale d'instituteurs, la caserne du génie, le muséum et son jardin des plantes.

Que devait-on dire, alors, à propos de la place Malakoff (aujourd'hui place Bir-Hakeim), et du transfert des hôpitaux à La Tronche !

L'avenue Félix-Viallet et la gare.

Cours Berriat, la traversée du passage à niveau.

Rue Montorge.

Rue Saint-Clair.

Rue Saint-Laurent.

VILLE DE GRENOBLE.

CHEMIN DE FER

DE ST-RAMBERT A GRENOBLE.

HÔTEL DE VILLE, 27 MAI, SIX HEURES DU SOIR.

Le MAIRE de la ville de Grenoble éprouve la plus vive satisfaction d'apprendre à ses Concitoyens l'intéressante nouvelle qui lui parvient à l'instant par le télégraphe électrique.

Le Corps législatif, dans sa séance de ce jour, vient d'adopter, sans discussion, le projet de loi relatif au Chemin de Fer de Saint-Rambert à Grenoble.

Ainsi se réalisent les espérances que le bienveillant accueil de l'Empereur nous avait fait concevoir ! Soyons reconnaissants de cet immense bienfait !

Pour le Maire, député au Corps législatif,

L'Adjoint, REYNAUD.

Grenoble, MAISONVILLE, imprimeur de la Mairie, rue du Palais, 4. — Mai 1853.

Place Malakoff.

La préfecture.

Le musée-bibliothèque, à droite, l'école d'artillerie.

Le palais des facultés et l'hôtel de la division.

ÉTAIT-IL FOU, VISIONNAIRE OU PRÉCURSEUR ?

« Messieurs la ville étouffe dans un système de fortifications qui ruine les finances chaque fois qu'elle s'étend, entrave son essor, nous réduit à nous agiter dans d'étroites murailles quand les Alpes nous attirent, quand toutes les richesses de la nature sont à nos portes. »

Ainsi s'exprimait Edouard Rey le jeune maire de Grenoble, Il avait, ou plus exactement il n'avait que 45 ans, le gendre de Xavier Jouvin, lorsqu'il prononça ce discours devant le conseil municipal. C'était le 1er juin 1881 lors de la présentation de ce qu'il est convenu d'appeler, avec toute la modération rhétorique nécessaire, un audacieux projet d'urbanisme.

Le budget de la ville n'était que de 5 millions de francs sans grande capacité d'extension. Edouard Rey proposa donc que la ville emprunte les 12 millions de francs nécessaires à la réalisation des travaux : il fallait percer de nouvelles avenues, construire des ponts, notamment un pont qui devrait permettre aux habitants du cours Berriat de gagner aisément et rapidement la rive droite de l'Isère sans être obligés de traverser en premier lieu la vieille ville. Il n'existait que le pont de la Citadelle (en face de la place Lavalette), le pont Marius Gontard et la "passerelle" en prolongement de la rue de Lionne. L'unanimité se fit quant à l'opportunité de cette réalisation grandiose ; mais lorsqu'il s'agit de décider de l'emplacement de ce pont, les choses allèrent autrement : fallait-il qu'il fût du cours Saint-André (Jean-Jaurès) ? Outre le problème du choix de l'emplacement, le conseil municipal eut à faire face au Ministère des Travaux Publics qui était très loin d'être favorable à ce projet et qui laissait traîner les choses, espérant bien que le dossier se laisserait oublier. C'était ne pas compter avec la pugnacité d'Edouard Rey, avec la force populaire et les intérêts économiques locaux. Ces derniers prenaient corps en la personne des responsables des ciments de la Porte de France.

Les dirigeants des ciments de la Porte de France, quelque peu excédés par les lenteurs de l'administration, proposèrent à la municipalité, le 5 novembre 1881, de prendre en charge l'étude et la construction du pont, sans bénéfice, à la condition que seuls les ciments de la porte de France soient utilisés et qu'il soit bâti en face de la route de Villard-de-Lans. Les conseillers virent là une extraordinaire aubaine, sauf quelques-uns qui s'opposèrent avec véhémence à cette proposition. Les discussions et surtout l'attente de subventions ministérielles reprirent jusqu'en 1882, le 8 août exactement, où l'ingénieur départemental des Ponts et Chaussées présenta au conseil une étude et un projet de construction. Peu enclin à envisager le développement de la ville, cet ingénieur pensait que le pont devait prolonger le cours Gambetta. Mais c'est, semble-t-il, sans difficulté qu'il se rallia à la majorité du conseil qui désirait que le pont fut la continuité du cours Saint-André. La commission des travaux fut saisie de ce projet ainsi que de plusieurs autres, si bien que les palabres s'enchaînaient les uns aux autres avec plus de célérité que les poutres métalliques. Finalement on trancha en faveur d'un pont qui relierait l'Esplanade, pour laquelle on commençait à avoir des projets, et une place qui deviendrait la place de la Bastille, véritable plaque tournante du départ des grandes artères de la ville à venir, dans ces années-là. Mais ce ne fut qu'en 1889, Edouard Rey n'étant plus maire, que l'on prit la décision de construire ce pont suivant le projet proposé par Monsieur Eiffel.

Mais que l'on ne croit pas que l'œuvre d'Edouard Rey se limita à la construction du pont de la Porte de France, loin de là ! En 1882 le Ministre de la Guerre accepta enfin le déclassement des fortifications tant souhaité par Berriat ; enfin on put réunir par de larges avenues la vieille ville et les quartiers ouest. Dans la fougue extensionniste on se mit en devoir de démolir les anciennes portes. Ainsi paraissait le 16 février 1882, dans le *Petit Dauphinois* l'avis suivant : « avis du maire : en raison de la démolition de la porte Créqui la circulation est interdite à compter du 13 courant. » Edouard Rey, ce fut aussi la réalisation de seize nouvelles rues dont l'avenue Alsace-Lorraine, les rues Lamartine, Molière, Vauban, etc. Il y eut aussi l'édification du lycée Champollion et des groupes scolaires de la rue Lesdiguières et du cours Saint-André ; la destruction et le transfert des hôpitaux.

La place de la Bastille.

1155. Grenoble. – Vue générale. P
Vue prise du Jard

ce de la Bastille et Cours St-André
n du Dauphin – E R.

Edouard Rey. (Bibliothèque municipale).

Sous l'administration d'Edouard Rey, on installa le tout-à-l'égout ce qui inquiéta fort les maraîchers de la ceinture grenobloise, qui craignaient d'être dépossédés d'un engrais particulièrement efficace et surtout peu coûteux. C'est en 1883, que fut ouverte la première piscine, qui coûta 168 460 francs. Le prix d'entrée demeura longtemps modeste, et ainsi il n'était que de 0,20 F en 1906, la location de serviette ou de caleçon de bain s'élevait à 0,50 F ; des prix qui nous semblent bien dérisoires de nos jours. Ce haut-lieu d'exercices physiques était particulièrement prisé des Grenoblois, et des Grenobloises qui y avaient accès, comme en témoigne cet article du *Petit Dauphinois* du mercredi 11 juillet 1888 : « On sait que cet établissement est réservé aux dames pendant toute la journée du vendredi de chaque semaine. Cela est juste et même à peine suffisant, car la natation prospère de plus en plus et devient un des sports favoris du beau sexe. A ce sujet, il est regrettable que des plaintes se produisent sur les services du jour réservé aux baigneuses. Il paraît que ces dernières sont souvent l'objet de plaisanteries de la part de spectateurs indiscrets, dont la place est ailleurs que sur les bords de l'étang. Est-il besoin, en effet, de plusieurs maîtres-nageurs, de sergents de ville, d'ouvreurs de cabines, etc., etc., pour surveiller ces dames qui viennent se rafraîchir ou se livrer au salutaire exercice de la natation ? » Pour alimenter en eau cette piscine, mais surtout afin de pourvoir la ville d'une eau potable dont elle manquait cruellement, Edouard Rey fit réaliser le captage des eaux de Rochefort.

Deux réalisations, l'une pittoresque, l'autre "avant-gardiste", marquèrent également le passage d'Edouard Rey à la tête de la municipalité de Grenoble : la place Victor-Hugo, et l'hôtel des postes.

Il fallait que l'ouverture de la vieille ville et son extension vers l'ouest permissent l'éclosion d'une vie nouvelle. Il convenait donc que les quartiers nouveaux fussent à la fois aérés et vivants. De la rencontre de ces principes naquit la place Victor-Hugo autour de laquelle un nouveau centre d'affaires installé dans des immeubles modernes et cossus vit le jour. Pour réaliser cette place, inaugurée le 27 mai 1885, on avait démoli la caserne de Bonne, première du nom. On avait également détruit une superbe fontaine qui trônait fièrement devant l'église Saint-Louis.

L'école de natation.

Place Victor-Hugo.

La place de la Bastille avant la construction du pont.

La porte des Alpes.

Pont de la porte de France.

Rue de France.

La place Saint-Clair et les nouvelles halles.

Le marché place Saint-Clair.

La place Notre-Dame.

GRENOBLE. — Select-Pension - Hôtel Gambetta

Quel précurseur que Edouard Rey qui s'intéressait à toutes les nouveautés de la science et de la technique du XIXe siècle. Mettant dans l'aventure ses propres deniers, il incita le conseil municipal à la suivre dans l'entreprise "électrique".

Le 15 mars 1880, Marcel Deprez présente une communication à l'académie des sciences intitulée : "la possibilité d'utiliser le courant électrique pour transmettre à distance une force quelconque sans limite théorique de puissance". Malgré le scepticisme que l'on devine, Deprez réalisa avec succès son expérience au Palais de l'Industrie à Paris sur 1 800 mètres. Dès qu'Edouard Rey eut connaissance de cette expérience, il envoya le docteur Bordier quérir Deprez pour le ramener à Grenoble. Il fit précéder l'arrivée de Bordier par le télégramme suivant : « Monsieur, c'est à Grenoble qu'il faut poursuivre vos expériences ! » Deprez construisit, à Jarrie, une turbine alimentée par une dérivation de la Romanche, qui actionnait une dynamo. On "tira" une ligne confectionnée avec un double fil de bronze. On effectua un branchement avec une dynamo réceptrice sous la halle de Grenoble et une ampoule Edison achetée par Edouard Rey. « Miracle ça marche ! » Aussitôt on amène une presse à imprimer pour tirer le numéro 1 du *Journal universel de l'Electricité* dans lequel, en 1883, on pouvait lire à propos de l'électricité : « Le doute doit cesser, l'avenir est immense et il est assuré. »

L'Hôtel des Postes.

De l'électricité au téléphone le pas est étroit ; Edouard Rey le franchit aisément. Dès son arrivée à la tête de la municipalité il avait été sollicité par l'administration des Postes et Télégraphes qui étaient à la recherche d'un terrain pour construire un nouvel hôtel des postes que méritait Grenoble. Jusque là le bureau de poste occupait un petit local au rez-de-chaussée d'un immeuble, situé à l'angle de la rue Condillac et de la rue Marcel-Benoît. Edouard Rey reconnu le bien-fondé de la requête et proposa un terrain à proximité de la Halle aux grains, approximativement là où se trouve, aujourd'hui, le magasin Prisunic de la rue Philis de la Charce. Cependant ce terrain ne convenait guère aux postes qui préféraient un terrain situé à l'emplacement de l'actuelle place Jean-Achard. Finalement on se mit d'accord sur un terrain situé entre la place Vaucanson et le square Léon-Martin. Au-dessus du toit de l'aile droite s'élevait la "tour du téléphone". Ce premier central téléphonique accueillait à partir du 1er juillet 1888 quatre cents abonnés. Il fut détruit par un incendie en 1908.

L'INCENDIE DE L'HOTEL DES POSTES DE GRENOBLE (Dessin de DAMBLANS.)

(Avec l'aimable autorisation du journal *Le Pèlerin*).

Mais voilà, tant de réalisations parfois, pour l'époque, si grandioses ne pouvaient qu'aller de paire avec une féroce augmentation des impôts locaux, ce qui, on l'aura pensé, n'était pas du goût de tout le monde. Edouard Rey fut l'objet d'une vive réaction qui trouvait un large et puissant écho dans le *Petit Dauphinois* dont le directeur, Baragnon, avait décidé (je cite) « d'avoir la peau du maire », et cela essentiellement parce que le maire lui avait refusé l'adjudication totale des kiosques municipaux. Dès lors une coalition conservatrice se ligua contre “ce ténébreux produit des loges qui fit enlever les crucifix des écoles”. Il est vrai qu'Edouard Rey, radical et franc-maçon de la loge des Arts Réunis, professait un anticléricalisme tonitruant. Ainsi il profitait de ce que l'on repeignait les salles de classe, pour y interdire de raccrocher les crucifix. On alla même jusqu'à le provoquer en duel ; ce fut le fait de Monsieur Teisseire, conseiller municipal, qui le convoqua sur le champ... à Genève. Heureusement la police helvétique, ayant eu connaissance de l'affaire, put intervenir avant le début du duel et reconduire les protagonistes à la frontière. Mais les attaques et la cabale ne cessèrent pas pour autant ; Edouard Rey excédé, fatigué présenta sa démission en 1886 ; elle fut refusée et on le maintint en place. En 1888 il se présenta aux élections sénatoriales où il fut élu par 897 voix contre 118 pour le candidat conservateur, le Marquis de Quinsonnas. Loin de le conforter dans son fauteuil de maire, son élection eut pour effet d'accroître les attaques contre celui que la presse conservatrice décrivit comme « un dangereux visionnaire ». Pas moins de quinze listes furent en lice pour les élections municipales de 1888 (pour 60 000 habitants) : au fougueux Edouard Rey, les Grenoblois, lassés des querelles, préférèrent un “père tranquille” qui avait déjà été maire de 1876 à 1881 le docteur Auguste Gaché.

Auguste Gaché n'entreprit rien de nouveau mais il mit, semble-t-il, un point d'honneur tout particulier à continuer les travaux de son prédécesseur, voire les projets en cours.

Si la municipalité Gaché marqua une accalmie dans l'élaboration de projets d'urbanisme, celle-ci n'alla pas jusqu'à l'inertie. D'autres réalisations virent le jour, comme le percement de la rue qui permit de relier la place Victor-Hugo à la place Grenette. Cette initiative, nous la devons à Stéphane Jay, à qui la ville doit aussi la nouvelle école de médecine et le tramway électrique. En 1904 Charles Rivail, qui eut à faire au grand mouvement ouvrier de 1906, continua l'œuvre d'agrandissement et d'aménagement de la ville. Cependant les impôts continuaient à augmenter et l'on s'en plaignait. Vint Félix Viallet sous l'administration duquel furent construites les "nouvelles galeries" ou comme on disait à l'époque "les galeries modernes". Cette construction en béton armé posa quelques problèmes, car l'utilisation du béton armé était proscrite par les règlements municipaux relatifs à la construction.

Puis il y eut Nestor Cornier, et de 1919 jusqu'en 1932 le fougueux Paul Mistral.

L'hôtel Monnet avant sa démolition et la construction des Galeries Modernes.

Le démolition de l'hôtel Monnet.

La démolition rue Saint-Louis.

Paul Mistral commença son œuvre en obtenant le déclassement de Grenoble comme place forte ce qui permit enfin, d'abattre les fortifications qui empêchaient l'extension de la ville vers le sud. Dès lors se développèrent des quartiers nouveaux comme la Capuche, la Bajatière, la Croix Rouge, le Rondeau. Pour aider à ce développement, Mistral confia l'étude urbanistique à Léon Jaussely, professeur d'urbanisme à l'école supérieure des Beaux-Arts et il créa l'office Public des Habitations à Bon Marché (H.B.M.) précurseur des sociétés d'H.L.M. L'office réalisa la cité-jardin du Rondeau (actuelle cité P.-Mistral) en 1923 avec deux cent huit logements, la Capuche en 1925, l'Abbaye en 1930 et le groupe H.B.M. "améliorées" de la rue Pierre-Loti. Mistral fit transférer le lycée Vaucanson sur son emplacement actuel. Il créa l'école hôtelière qui sera installée par son successeur, Léon Martin, dans l'hôtel Lesdiguières. C'est également sous son administration que la ville prit la décision de faire construire un téléphérique, décision d'autant plus importante que la ville venait d'être classée "ville touristique". Mais tout ce que prévoyait le plan d'urbanisation de Jaussely, jugé trop ambitieux et dangereux pour le commerce, ne fut pas réalisé malgré l'opiniâtreté de Paul Mistral. Il est vrai par exemple que le transfert de la gare ne manqua pas de susciter de vives protestations de la part du commerce installé à proximité d'elle. La compagnie PLM joignit une opposition ferme à ces protestations, ce qui entravait amplement la réalisation du projet. Sa mise à mort fut le fait du conseil d'Etat qui, dans son arrêt du 3 août 1928, approuva le plan d'urbanisme et le déclara d'utilité publique, mais refusa tout ce qui concernait le transfert des structures de chemin de fer existantes.

Place de la Gare.

L'apogée de l'œuvre de Paul Mistral fut, sans nul doute, la réalisation de l'Exposition Internationale de la Houille Blanche en 1925. C'est en 1923 qu'il en eut l'idée et qu'il l'exprima à l'Assemblée Nationale et dans les ministères, notamment au Ministère de la Guerre où il allait plaider pour qu'on hâtât le déclassement de la ville et le retrait de l'armée car il désirait que l'exposition se tint sur l'emplacement du polygone du génie. La lenteur, la mauvaise volonté dont fit preuve, en cette affaire, l'Armée entraînèrent Paul Mistral à tenir à la tribune de l'Assemblée des propos qui valurent au bouillant député un rappel à l'ordre de la part du président Paul Painlevé. Il est vrai que Mistral n'avait guère pris de précautions oratoires : « le génie est aussi têtu et stérile qu'un mulet. » Quoiqu'il en fut des paroles, l'exposition put ouvrir ses portes le 24 mai 1925 comme prévu. L'année suivante les 25 hectares de l'exposition furent transformés en un immense parc (parc Paul-Mistral) dominé, fièrement, par une tour de 87 mètres due à l'architecte Perret.

L'agrandissement du Palais de Justice.

La cour sortant du Palais de Justice.

Le bac de la Croix-Rouge.

LA VIE INDUSTRIELLE

Lecteur attentif au devenir de cette belle ville de Grenoble, vous pensez qu'elle ne vécut pas dans une léthargie qui aurait empêché tout essor économique. Bien sûr il y eut les grands maires dont nous avons parlé : Berriat, Rey et Mistral. Que peut être un maire si ce n'est le nécessaire ferment de l'évolution de sa ville ? Ceux-ci le furent et ils préparèrent l'essor industriel de Grenoble en offrant aux industriels une ville saine, claire, largement et avantageusement ouverte vers l'extérieur. Tous les trois ont contribué grandement à l'essor industriel en préparant un berceau et un "foyer" propre à accueillir cette industrie naissante puis grandissante. Mais comment se développerait une ville si les forces économiques, l'industrie et le commerce, n'œuvraient pas à la suite du maire pour la croissance de la ville ?

Dans son livre *Grenoble* (1), Paul Dreyfus distingue quatre grandes périodes dans l'évolution industrielle de Grenoble :

– l'ère primaire avec une industrie ancienne consacrée à la fabrication de chapeaux de paille, à la ganterie et aux liqueurs (le ratafia de Teisseire) ;

– l'ère secondaire ou industrie minérale avec les cimenteries et la pierre à chaux, puis l'anthracite ;

– l'ère tertiaire ou industrie métallurgique au service de la houille blanche ;

– l'ère quaternaire ou industrie moderne de transformation ; l'auteur résume en une phrase admirable cette évolution : « De traditionnelle dans ses techniques, modeste dans ses créations et provinciale dans ses ambitions » elle est devenue cette industrie remarquable, qui fait de Grenoble une des plus grandes villes industrielles de France.

C'est bien sûr l'avènement de la houille blanche qui fut à l'origine de cette véritable explosion industrielle.

Nous ne ferons pas ici une étude exhaustive de l'industrie grenobloise, même pas une tentative dans ce sens. Cependant peut-on raconter Grenoble sans parler quelque peu des boutons-pressions, de la Frise, de Merlin-Gerin ?

(1) Editions Arthaud

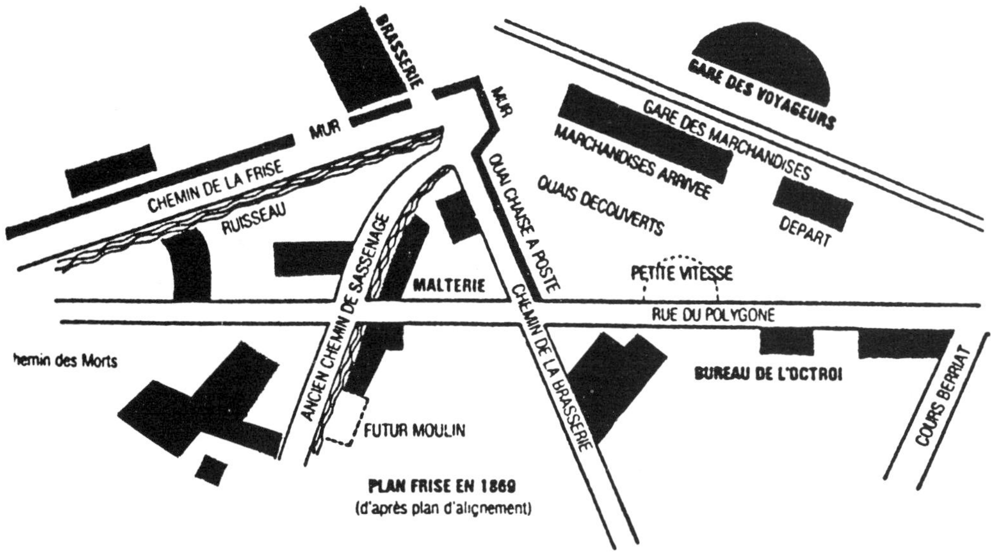

Plan de la Frise en 1869.

La construction de la gare en 1858 mécontenta relativement à son emplacement, cependant elle entraîna une rapide et conséquente urbanisation du quartier. Ce fut notamment la naissance de la “FRISE”, ce quartier bercé au bruit des trains. Vous en trouverez encore quelques vestiges derrière la gare moderne, coincés entre le cours Berriat au sud et la rue F.-Esclangon au nord. Là fut installée la gare de marchandises ; là où se trouvaient déjà quelques usines, et là aussi où d'autres vinrent du fait de la proximité de la gare. Sur ce site s'implanta la “petite vitesse” où quarante-quatre employés s'activaient à trier les marchandises, à les répartir dans les voitures hippomobiles, puis à les livrer en ville. De cet endroit partaient aussi des “voies” comme la 90 qui desservit longtemps les établissements Bouchayer-Viallet, ou celle qui permettait de relier la gare à la Viscose, au Rondeau à la limite d'Echirolles.

Dès 5 heures le matin le quartier s'animait d'un incessant va-et-vient de chars, de charettes, de manutentionnaires, de conducteurs... Outre les employés de la Petite Vitesse on pouvait rencontrer ceux des entreprises de transport comme les établissements Farça qui donnaient du travail à plus de cinquante personnes de façon régulière et qui, tous les matins, embauchaient les “étudiants de la barrière”.

Fabrique Teisseire, place de la Manutention.

LA CÉLÈBRE MANUFACTURE DE BOUTONS-PRESSION ET FERMOIRS-MÉTALLIQUES, A. RAYMOND, COURS BERRIAT, A GRENOBLE.
Vue d'ensemble des ateliers de fabrication, laboratoires, magasins, bureaux et logements des directeurs, couvrant une surface de 13.000 mètres.

(Cliché Musée Dauphinois).

Camion hippomobile de la "Grande Vitesse".

Ces étudiants-là lisaient mieux dans le fond de la chopine que dans des livres. Ils étaient des vagabonds, des clochards, qui élisaient domicile le long de la voie de chemin de fer. Véritables dockers au service des transporteurs, ils travaillaient par groupes d'une dizaine.

Le XIXe siècle disparu, les voitures à chevaux furent remplacées par des camions et des voitures automobiles. De cette époque des noms demeurent : Seigle, Bellet, Mutte...

Petit à petit, comme le cours Berriat, le quartier de la Frise se peupla ; des maisons, des immeubles furent construits pour loger les employés du P.L.M., de la Petite Vitesse, des entreprises de transport et autres. Malgré tout, le quartier demeurait peu apprécié par les Grenoblois, comme le rapporte Claude Guilloteau dans le *Dauphiné libéré* : « Les gens n'aimaient guère les rues de leur quartier, ouvert au vent glacial du nord l'hiver, les rues mal éclairées, avec des impasses, qui sont parfois des coupe-gorges. Et il n'y a pas de police ici, pas de poubelle. L'église, elle, est minuscule... et puis pas de commerce. Il n'y a que la brasserie qui attire les regards avec sa masse importante et ses cheminées, et sa toiture insolite. »

Rien de bien extraordinaire cette brasserie, si ce n'est qu'il était inhabituel que s'implantent de telles fabriques en Isère. C'est en 1830 que fut construite la brasserie de la Frise, dans un faubourg désert de Grenoble, loin de l'enceinte. Ce ne fut qu'en 1882 que les nouvelles fortifications l'englobèrent dans la ville. En son sein va se développer une véritable dynastie : celle des Brun, à la suite de Jean-Baptiste Brun le fondateur. Parmi cette famille émergea Philippe Brun qui, bien que brasseur et juge au tribunal de commerce, fut artiste peintre, élève attentif de l'abbé Guétal et de Ravanat. Les détails sont rares quant à la vie de la brasserie, d'autant qu'elle disparut en 1955 ; mais le recensement indique qu'en 1886, vingt-huit personnes (patrons, domestiques et ouvriers) vivaient dans les bâtiments de la brasserie. Parmi les employés le recensement présente : un brasseur autrichien, six manœuvres, un tonnelier et un voiturier. En 1901 la famille Brun, en face d'énormes difficultés financières, céda l'entreprise à un groupe d'hommes d'affaires de Grenoble qui créèrent la Société Anonyme des Brasseries de la Frise. Lorsqu'en 1955 la brasserie cessa ses activités la société fut scindée en deux : la société dauphinoise de distribution de bière et la société commerciale et foncière de la Frise.

La brasserie de la Frise.

Si la brasserie de la Frise présente un aspect pittoresque, elle n'est pas la marque du développement industriel grenoblois. Celui-ci fut le fait de la métallurgie. C'est pour répondre, dans un premier temps, à une demande locale que se sont développées les "usines métallurgiques" de Grenoble. Il fallait pourvoir à la construction des usines à gaz, aux appareils de chauffage urbain, et surtout fournir les matériaux nécessaires aux usines hydroélectriques : notamment les tuyaux pour les conduites forcées, les turbines, les vannes... En même temps se développaient les papèteries, les usines électrochimiques et électrométallurgiques toutes très grandes demanderesses de pièces métalliques. Parmi les grandes entreprises on notait Joya, Neyret, Bouchayer-Viallet qui chacune employait plus de cent cinquante ouvriers.

Parmi les soixante-dix-huit ateliers de construction métallique que comptait Grenoble en 1895, un fut particulièrement remarquable : l'usine Raymond.

En 1865 trois compagnons du Tour de France, mécaniciens, Albert-Pierre Raymond, Benoit Allègre et Alex Guttin, créèrent rue Chenoise un atelier dans lequel ils fabriquaient des outils pour les gantiers, mais aussi des pièces de fixation (agrafes et crochets). L'atelier était prospère, et bien vite le local de la rue Chenoise fut trop exigu. Les trois compagnons décidèrent de transférer leur activité sur la “zone industrielle” naissante du cours Berriat. Une usine vaste et moderne prit la place de l'atelier exigu et vétuste. Là Albert-Pierre Raymond était confronté au problème qui consistait à savoir comment ou par quoi on pouvait remplacer le lacet qui fermait les gants. Le 29 mai 1886 il déposa, après des mois de recherche, le brevet du “fermoir cage”.

L'ancêtre du bouton-pression venait de naître.

La Première Guerre mondiale offrit à la métallurgie grenobloise un potentiel de développement tout à fait considérable. C'est ainsi que la région grenobloise réalisa l'exploit de fournir près de 50 000 obus par jour.

Carrosserie - Vélocipèdes - Automobiles

E. GUÉRIN, BREVETÉ S. G. D. G.

MANUFACTURE
de Voitures
et
Harnachements

Voitures et Voiturettes Automobiles

100 Voitures au choix

Atelier spécial de réparations pour automobiles et vélocipèdes

FOSSE, GARAGE

VÉLOCIPÈDES
des 1res Marques :
Humber,
Gladiator,
Clément,
Cleveland, etc.

Seul représentant pour le département des célèbres Tricycles automobiles de Dion et Bouton

Dépôt de Stelline, Moto-Naphta, Benzo-Moteur

USINE, BUREAUX et MAGASINS : **15, rue Beyle-Stendhal**
EXPOSITION et MAGASIN de VENTE : **14, boulevard Gambetta**
GRENOBLE

Médailles d'or Expositions universelles de Paris 1878 et 1889

Société des Ciments Portland de Valbonnais

MARQUE

PELLOUX PÈRE & FILS & CIE

GRENOBLE (ISÈRE)

Les seules Usines fabriquant le Ciment Portland de Valbonnais

SPÉCIALITÉ POUR DALLAGES

Publicité Lustucru, 1923. (Document Musée Dauphinois).

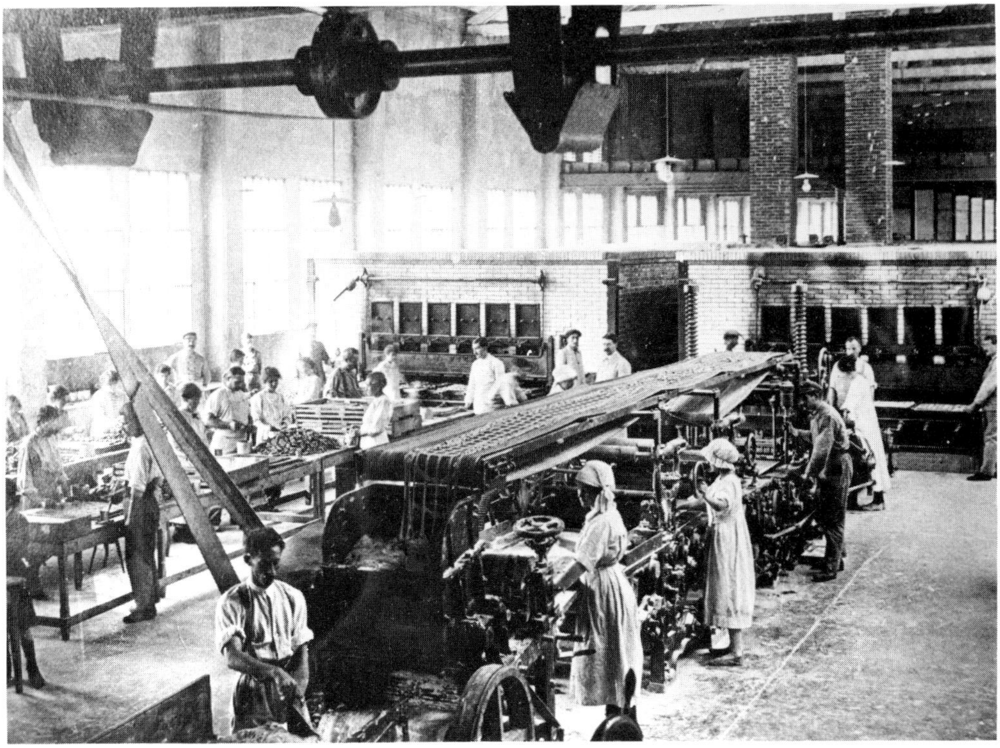

Fabrication des biscuits Brun. (Photo Ets Brun. Document Musée Dauphinois).

D'autres branches industrielles furent sollicitées par la "guerre" : les biscuits pour l'alimentation du soldat, la papeterie pour la fabrication du papier à cartouches, les usines qui fabriquaient du matériel électrique... C'est à cette époque que le réseau électrique national fut relié à celui des centrales hydroélectriques de la région. Il fallut donc que crussent les entreprises où l'on fabriquait du matériel électrique.

Ce dernier aspect du développement industriel de Grenoble fut à l'origine de la naissance d'un "phénomène d'industrialisation" entre les deux Guerres mondiales ; la société Merlin-Gerin illustre bien ce phénomène.

Usine Merlin-Gerin vers 1930.
(Photo Merlin-Gerin. Document Musée Dauphinois).

La société fut créée le 1er janvier 1920 pour fabriquer des disjoncteurs. En cinq ans, le nombre d'employés passa de 38 à 400 ; en 1930 il y en avait 1 200. Merlin-Gérin qui fabriquait des transformateurs, des contacteurs, des interrupteurs pour la basse et la haute tension, racheta la fonderie Berger et Isnard à Fontaine, la fabrique de porcelaine électrique Renaudin à Saint-Vallier ; puis elle augmenta son capital productif par l'achat d'une deuxième fonderie et d'une chaudronnerie… ainsi démarra une extraordinaire aventure qui amena la société à s'installer entre autres, en 1986, aux U.S.A., à Hong-Kong, et à offrir du travail à plus de 7 000 employés (le cap des 5 000 fut franchi en 1960).

Si la métallurgie, parmi maintes industries, fut le symbole de la croissance industrielle de Grenoble au XIXe siècle, elle le fut en remplacement de l'industrie traditionnelle : la ganterie qui amorça son déclin.

Usines Merlin-Gerin. (Photo Merlin-Gerin. Document Musée Dauphinois).

(Cliché Musée Dauphinois).

LA GANTERIE

Il ne semble pas que l'on ait, à ce jour, pu déterminer avec précision l'origine du gant, de même celle de la ganterie grenobloise. Cependant l'on sait qu'en 1328 existait à Grenoble un gantier qui fabriquait pour le Dauphin. Ignorants quant à l'origine, les auteurs savent bien, par contre, que c'est à l'importance du cheptel caprin en Dauphiné qu'il faut lier la destinée de la ganterie, qui trouva là des peaux et des cuirs d'une finesse et d'une souplesse remarquables. Certains auteurs font correspondre le premier développement de la ganterie au fait qu'un maître-gantier grenoblois, Robert Matthieu, obtint en 1606 grâce au connétable de Lesdiguières la charge de "gantier et parfumeur du Roi". Il est vrai que c'est dans cette première moitié du XVIIe siècle que la profession s'organisa et obtint, notamment, une protection contre l'implantation de gantiers étrangers. Au début du XVIIIe siècle il y avait douze maîtres-gantiers à Grenoble qui employaient trois cent dix ouvriers, pour une production annuelle de 15 000 douzaines de gants. C'est ainsi qu'à la veille de la Révolution 8 000 personnes, soit le tiers environ de la population, travaillent pour la ganterie. Les exportations assuraient une grande partie des revenus de cette industrie, lorsqu'arrivèrent la Révolution et le Premier Empire, qui annihilèrent l'expansion de la ganterie en la privant des possibilités d'exportations vers l'Angleterre et l'Amérique. La ganterie arriva en 1895 à quatre-vingt-cinq fabricants employant 3 800 coupeurs et 21 800 ouvrières, dont beaucoup travaillaient à domicile ; la production atteignait un million et demi de douzaines de gants. La mégisserie locale ne suivit pas cette progression, du moins en qualité, si bien que la ganterie dut se tourner vers Millau, Annonay et l'Italie pour ses approvisionnements. Malheureusement, et malgré l'amélioration de la qualité, la ganterie eut à faire face au protectionnisme américain et à la mécanisation de la fabrication. Ce fut le déclin de la ganterie, auquel seulement quelques entreprises survécurent, en orientant leur fabrication vers le gant de haut de gamme en chevreau. Le symbole de cette "survie" fut représenté par les gants Perrin qui, au gant de haut de gamme, allièrent la "concentration verticale" en joignant, à la fabrication du gant, une mégisserie et une teinturerie, et en ouvrant de nombreux magasins de vente. La concentration verticale évitait de passer par le crible des missionnaires, qui dressent la loi épineuse des marchés. Malheureusement, encore une fois un obstacle, fatal celui-ci, sonna le glas de la grande industrie gantière grenobloise : la Première Guerre mondiale qui interrompit l'activité exportatrice. On débaucha une grande partie des employées, qui cependant trouvèrent rapidement un autre emploi dans l'industrie alimentaire, florissante à cette époque, comme les pâtes Lustucru. A la fin de la guerre les politiques douanières protectionnistes mises en place par les nombreux pays, et notamment par les Etats-Unis, empêchèrent la reprise de l'activité gantière. La plupart des entreprises disparurent ; certaines se reconvertirent, comme Perrin qui s'orienta vers le gant en tissu, puis vers la fabrication de sous-vêtements féminins en créant Valisère.

Revenons le temps de quelques lignes, à ce qu'était la vie d'un ouvrier gantier en 1865 (1).

(1) D'après la revue *Ganterie*, décembre 1961.

(Cliché Musée Dauphinois).

La maison Perrin en Angleterre. (Photo Perrin. Document Musée Dauphinois).

Usine Perrin à Grenoble vers 1900.
(Photo Perrin. Document Musée Dauphinois).

Celui-ci, comme la plupart, n'habitait pas Grenoble mais travaillait à domicile, dans un petit village. Bien souvent, cela lui permettait d'accroître de façon significative les revenus d'une maigre exploitation agricole. Théodore a 30 ans, son épouse Virginie a 20 ans, et ils viennent d'avoir le premier de leurs cinq enfants. Théodore n'a qu'un lopin de terre qu'il aurait dû vendre, ce qui l'aurait obligé à s'expatrier vers la grande ville. Heureusement on lui proposa d'être ouvrier gantier à domicile et d'embaucher également Virginie. Les mauvaises langues du village racontaient facilement, trop peut-être, que c'était l'appât du gain qui motivait "le Théodore". Tout est bien plus simple : lui et sa femme voulaient vivre bien et offrir un peu de confort à leurs enfants qu'ils souhaitaient nombreux. Cependant Théodore reconnaît que « la profession de gantier est une des plus douces et des plus commodes que l'on puisse exercer et une des mieux rémunérées ». Sans doute avait-il raison, mais il vivait à Biviers ; s'il avait habité la ville, son discours eût été très différent, car là les conditions de vie demeuraient plus difficiles, les loyers et la nourriture plus chers. Mais Théodore avait sa maisonnette et son champ qui, s'il ne lui rapportait guère, lui permettait d'avoir ses légumes frais, quelques fruits et quelques volailles. La maison était petite mais confortable ; elle comprenait une cuisine, une chambre, un cellier et un atelier. La sobriété de son mobilier contrastait avec l'étendue de la garde-robe des jeunes époux :

« Vêtements de l'ouvrier :

– pour le travail : trois pantalons, six gilets dont deux en laine, douze tabliers, douze chemises usées, trois paires de chaussettes, une paire de sabots avec chaussons, un bonnet en paille de riz, une casquette, deux chapeaux de paille ;

– vêtements du dimanche : une redingote noire, deux autres, un paletot de velours, un pardessus de raglan, deux gilets en velours, un en soie, un blanc, deux pantalons noirs, un gris en laine, six cravates en soie, un cache-nez en laine, deux chapeaux noirs, deux gris, deux paires de souliers vernis, une paire de souliers lacés, vingt-quatre chemises en toile, six en calicot, vingt-quatre mouchoirs en fil, six paires de chaussettes de laine, douze paires en coton, dix bonnets de coton.

(Cliché Musée Dauphinois).

Vêtements de la femme :

– pour le travail : trois robes d'indienne, quatre jupes en laine, deux corsages d'hiver dits "casavèques", deux casaques, douze chemises à 1 franc pièce, six paires de bas en coton, deux mouchoirs noirs, deux paires de souliers, une paire de sabots, un chapeau de paille, six tabliers en indienne ;

– vêtements du dimanche : une robe en popeline (50 francs), huit robes diverses, un châle en laine, un d'hiver, un d'été, un de deuil, six foulards, un bonnet de mariage, deux avec dentelles, cinq bonnets blancs en tulle, un en crêpe noir, un col en valenciennes, huit cols ordinaires, trois douzaines de manches, deux crinolines, deux corsets, dix jupons blancs ou noirs, douze camisoles, trente-six chemises, six pantalons en calicot, trente-six paires de bas (à 20 francs la douzaine), deux paires de bottines, une paire de souliers, une douzaine de bonnets de nuit, une chaîne en or dite "sautoir" (150 francs), une broche en or, trois bagues, croix et médailles. »

Il est vrai que Théodore et Virginie gagnaient très bien leur vie, bien que rémunérés à la tâche. Lui était tailleur-coupeur ; il allongeait la peau dans le sens le plus favorable ; il ôtait les parties rugueuses ou trop épaisses. Ensuite il coupait la peau avec une paire de ciseaux, suivant des gabarits mis au point par Xavier Jouvin, trente ans plus tôt. Il était payé 3 francs par douze paires, mais Théodore était habile ouvrier et taillait seize paires par jour. Il gagnait ainsi 4 francs par jour. Virginie cousait et piquait à la main, à cette époque, en enserrant le gant dans un petit étau pour le maintenir et délimiter la ligne de couture. Pour les couturières comme pour les piqueurs, on donnait 3 francs pour douze paires ; Virginie qui était une très bonne ouvrière gagnait 1 franc par jour. La famille avait un bon niveau de vie, ce qui lui permit d'acquérir sans trop de peine le matériel dont elle se servait pour travailler. D'autre part l'aisance de la famille de Théodore se marquait aussi à table où la viande était présente à chaque repas de midi, ce qui était exceptionnel à cette époque, d'œufs et de légumes, à 12 heures avait lieu le dîner avec de la viande, des légumes et des fruits, le souper terminait la journée à 19 heures avec de la soupe, du fromage et des fruits. Dans la journée le couple consommait trois litres de vin clairet, non compris les verres que l'on offrait entre voisins.

LE MOUVEMENT OUVRIER

Si la vie de Théodore et de Virginie, gantiers de Biviers, semble confortable il n'en était pas de même pour tous les ouvriers, loin s'en faut. Les conditions de vie des "ouvriers d'usine" demeuraient excessivement pénibles ; les horaires étaient véritablement démentiels. Ainsi en 1864 ceux des soieries de Saint-Marcellin travaillaient quatorze heures par jour, les mineurs de Rioupéroux restaient douze heures dans la mine, les fileurs de Bourgoin étaient présents treize heures par jour devant leur métier. Et, rappelons-le, l'apprentissage ou plus exactemment l'entrée dans la vie active commençait officiellement à 12 ans mais dans la pratique, et très souvent, à 6 ans ! Alors est-il surprenant que dès qu'il eut le droit de grève, le monde ouvrier l'ait utilisé. Ce n'est qu'en 1864 qu'il l'obtint, mais il n'acquit, par ses luttes, le droit d'association qu'en 1884. Ce fut la naissance de la "mentalité ouvrière", renforcée par le machinisme, qui donna à l'ouvrier conscience de son pouvoir : arrêter une machine empêche le fonctionnement d'une usine. C'est sans doute ce qui fit dire à Monsieur Manceron, des ciments Vicats, en 1890 à l'occasion d'une communication à l'académie delphinale intitulée "la question ouvrière" : « l'ouvrier est né d'hier à peine, il tend déjà à jouer un rôle prépondérant dans l'histoire ! »

C'est l'époque de la montée de la gauche républicaine avec Léon Gambetta qui, lorsqu'il vint à Grenoble la première fois le 26 septembre 1872, fut applaudit par six mille Grenoblois amassés le long du parcours du cortège, de la gare à l'hôtel des Trois-Dauphins. C'était aussi le plein essor du socialisme. Le mouvement ouvrier vivra, ce que l'on oublie si souvent, de nombreuses grèves à Grenoble : en 1869 celle des charpentiers, en 1870 celle des métallurgistes, en 1875 celle des gantiers, en 1906 la grève générale.

1906 marqua le mouvement ouvrier grenoblois d'une pierre blanche par la création de l'Union départementale C.G.T., et d'une pierre noire car les grèves firent un mort.

La Bourse du Travail.

Le 9 avril 1906 les camionneurs, dont le salaire dépendait pour la plus grande partie de la générosité des clients, cessèrent le travail. Le 10 avril des incidents violents opposèrent les quatre-vingt-dix grévistes aux employés occasionnels des établissements Farçat. Les grévistes en appelèrent au maire, Monsieur Rivail, pour qu'il suscitât une réunion de conciliation. Le travail reprit le 14 avril. Entre temps les postiers parisiens avaient voté la grève ; leurs collègues grenoblois marquèrent leur solidarité sans toutefois cesser le travail. Le 25 avril les quarante-cinq ouvriers cordonniers de la fabrique de chaussures Jacquet cessèrent le travail pour obtenir une augmentation de salaire et une réduction du temps de travail quotidien. Le travail reprit le 2 mai. Le 1er mai la C.G.T. lança une vaste campagne autour du thème : « huit heures de travail, huit heures de repos, huit heures de loisirs ». Ce thème fut le leitmotiv du défilé du 1er mai dans les rues de Grenoble. Lorsque celui-ci passa devant les Nouvelles Galeries, quelle ne fut pas la stupeur des manifestants : l'établissement était ouvert ! Une délégation rencontra la direction qui accepta de baisser les grilles pour cette journée. Lorsque la délégation rejoignit le cortège, elle fut accueillie au cri de « Chez Chatin, chez Chatin... ! ».

La foule s'échauffa : lorsqu'elle arriva devant le bazar Couturier, place aux Herbes, dont le propriétaire était absent, elle trouva que les employés ne mettaient que peu d'empressement pour baisser le rideau. On s'engouffra brutalement dans la boutique ; la police intervint et procéda à trois arrestations. Grâce à l'intervention du maire les inculpés furent immédiatement remis en liberté... curieusement, alors que le cortège scandait ses slogans devant chez Chatin, un appel téléphonique anonyme demandait à l'artillerie montée d'intervenir. Encore plus curieusement, l'armée intervint et chargea la foule. Par bonheur et par miracle il n'y eut aucune victime. Que se serait-il passé s'il y en avait eu ?

Les funérailles du soldat Mollier.

Les esprits semblaient être apaisés, voire endormis lorsque le 15 juin les maçons, les cimentiers et les terrassiers se mirent en grève, rejoints le 20 juin par les plâtriers et les tailleurs de pierres. Le 23 juin les ouvriers des établissements Lemaire votèrent la grève pour soutenir deux de leurs camarades licenciés parce qu'ils refusaient de travailler onze heures par jour. Le 28 juin le travail reprit. Mais dès le 9 juillet des mouvements de grève éclatèrent dans tout le département, car si certaines usines avaient réduit le temps de travail, la règle n'était pas unanime. Le 22 août cinq cents mégissiers réclamèrent que la journée de travail passa de dix heures payées 4,50 F à 9 heures rétribuées 5 francs. Le travail reprit le 24 août. Le 28 août les menuisiers votèrent la grève. Ils furent rejoints par les ouvriers de la métallurgie à qui le patronat opposa un lock-out. Les 3 000 grévistes de chez Neyret-Brenier, de chez Bouchayer-Viallet, de chez Bouvier, de chez Joya entraînèrent à leur suite ceux de chez Raymond. Avec les boutonniers ce furent près de 5 000 grévistes qui défilèrent dans les rues le 1er septembre 1906. Les autorités craignant des incidents, décidèrent d'annuler la traditionnelle retraite au flambeau du 1er septembre. A l'appel des syndicats les grévistes en improvisèrent une. Au fur et à mesure que le cortège avançait dans les rues, des flots de femmes et d'hommes, même d'enfants, venaient le grossir.

Qui portant une torche ou une lanterne, qui arborant bien haut un drapeau rouge, chacun et tous se sentirent solidaires. On entonnait les chants révolutionnaires, ceux de 1789, on conspua le maire, on hua la maison Raymond place Notre-Dame. Il ne fut pas une avenue, pas une rue qui ne résonna sous les pas des manifestants. Le cortège partit en direction du cours Berriat, pour aller donner une bien étrange aubade devant la manufacture Raymond. Là, dans la nuit fraîche d'un soir de fin d'été, l'immense chœur des malheureux, des révolutionnaires oubliés par la Révolution, des exploités fit entendre sa voix chaude sur les accents des chants que leurs aïeux entonnèrent en 1789... La lune pâlit, les chants s'éteignirent, les mères regagnèrent leur maison avec leurs enfants endormis contre leur sein, des enfants qui ne se souviendront que de la belle fête !

C'était le samedi 1er septembre 1906, le dimanche 2 septembre la municipalité accordait aux grévistes le droit d'organiser une cantine communiste dans les locaux de la Manutention, là où se trouve aujourd'hui le parking Philippeville. Les réunions se succédèrent à un rythme frénétique. Le 6 septembre les grévistes de la manufacture Raymond votèrent à une très large majorité la reprise du travail, mais le vote fut violemment contesté par le comité de grève, qui s'opposa brutalement à l'entrée des non-grévistes dans l'usine. A nouveau les ouvriers des ganteries appelèrent à la grève pour protester contre la médiocrité des salaires. Le mouvement contestataire vivait un second souffle qui l'entraîna, le 10 septembre, à aller assaillir les ouvriers qui sortaient des usines Raymond. Les agents de police renforcés par vingt gendarmes, vinrent les dégager. La foule s'en prit aux forces de l'ordre ; il fallut faire appeler un renfort de douze gendarmes à cheval. Les manifestants lancèrent des pierres pour accompagner leurs cris. L'échauffourée fut brutale, à tel point qu'un gendarme fut blessé à la tête par un pavé.

Devant ces événements et dans la seule intention d'éviter de nouveaux incidents graves, la direction de la manufacture Raymond décida de fermer l'usine. Par solidarité, mais surtout pour exprimer leur désir et leur droit au travail, les ouvriers de chez Raymond fondèrent le 13 septembre : "l'association grenobloise mixte des ouvriers et ouvrières boutonnières". L'annonce de cette création suscita un mouvement de colère incontrôlable, incoercible qui entraîna les grévistes à investir brutalement le café de l'Europe, rue Lesdiguières, où les "indépendants" tenaient une réunion. Un coup de feu fut tiré ; la police intervint pour dégager les "indépendants".

Alors pendant six jours l'émeute sourdait... et le 17 septembre l'usine Raymond rouvrait ses portes. La foule était rassemblée dans un calme qui était celui qui précède les grands drames. Les soldats formaient une double haie pour permettre aux ouvriers de rentrer dans l'usine. La révolte atteignait son paroxysme : les jets de pierres rejoignirent les invectives et les jurons. Les gendarmes furent rapidement débordés, et il fallut faire appel aux chasseurs alpins, à qui l'ordre de mettre baïonnette au canon fut donné. La foule se sentit menacée dans sa chair, ce qui eut pour effet de redoubler sa violence, sa force et sa détermination. Les bagarres tournèrent à l'émeute, et il fallut faire intervenir de nouveaux renforts militaires. Les cavaliers du 2ᵉ Régiment d'Artillerie chargèrent par quatre cavaliers sur un même front. Chaque charge provoqua un mouvement de flux et de reflux de la foule des manifestants. Pour calmer les esprits les autorités demandèrent aux gendarmes de se retirer. Cependant les charges des manifestants continuaient : un agent fut piétiné par la foule, le soir venu des coups de feu répondirent aux pavés. Dans la nuit naissante le 140ᵉ essaya de dégager le cours Berriat et... le soldat Mollier, violemment frappé par un pavé, s'effondre ! Le tumulte atteint des sommets rarement égalés : les blessés étaient légions, le commissariat du quatrième arrondissement fut saccagé. Le lendemain, 18 septembre, le maire Charles Rivail, interdit les attroupements, mais face à l'arrivée de nouvelles troupes, les affrontements recommencèrent notamment à la porte Saint-Laurent et au centre-ville. Il y eut des arrestations qui conduisirent le tribunal des flagrants délits à prononcer des peines sévères.

Et, le 24 septembre 1906, tout s'éteignit tel un fêtu de paille : la population venait d'apprendre la mort, dans la nuit du lundi 23, à l'hôpital, du soldat Mollier. Les revendications perdaient tout pouvoir, tout poids face à la mort d'un jeune soldat du contingent, d'un jeune soldat du peuple. Le travail reprit après que toute la ville eut suivi les funérailles de cet enfant du peuple des travailleurs.

Numéro 415 28 Septembre 1906

LA VIE ILLUSTRÉE

Les conséquences d'une récente circulaire de M. Clémenceau

Manifestation devant l'usine Raymond. (Cliché Musée Dauphinois).

A L'HYGIENE MODERNE

FABRIQUE de BOUCHONS
DETAIL
LIEGES du VAR & d'ESPAGNE

Façade de l'hôpital, rue de France (actuelle rue Belgrade).

LES HÔPITAUX

Grenoble étouffait dans ses enceintes ; la ville vivait sur ses miasmes. Elle était humide et malsaine ; la tuberculose y régnait de manière endémique atteignant surtout les jeunes ouvrières et les jeunes ouvriers gantiers. D'autres maladies s'insinuaient dans la ville, souvent apportées par les militaires de la garnison, comme le typhus, la typhoïde, le choléra ou la variole qui décima des centaines de personnes au cours de l'épidémie de 1871.

Mais heureusement, si l'on peut s'exprimer ainsi, la ville était dotée de grands hôpitaux : l'un militaire, l'autre civil. Le premier couvrait une immense surface qui est aujourd'hui occupée par le conseil des prud'hommes, la banque de France et coupée par le boulevard E.-Rey. Le second était installé à l'angle de la rue de Belgrade actuelle et de l'aenue Félix-Viallet, là où s'élève la trésorerie générale.

Ces hôpitaux étaient immenses, bien à l'image de la grande ville prospère qui les abritait. Ils avaient prospéré au cours des siècles, mais, sans qu'il y ait vraiment de raison, leur modernisation ne suivit ni leur prospérité, ni les progrès scientifiques. Quelques travaux d'amélioration furent entrepris en 1850 et en 1860, sans vraiment transfigurer ces bâtiments que la lèpre rongeait inexorablement. Outre leur vétusté, ils ne répondaient plus, surtout l'hôpital civil, aux besoins d'une population grandissante.

Dès 1880 le problème de la vétusté et de l'insalubrité des hôpitaux fut évoqué au conseil municipal. On créa, au sein du conseil municipal et de la commission administrative des hôpitaux, des commissions et des sous-commissions chargées de réfléchir à la conduite à tenir face à ce problème. Rien de surprenant donc, dans la décision du bouillant Edouard Rey, de créer une commission "chargée d'étudier la question de l'amélioration des services hospitaliers". Déjà l'article 2 de l'arrêté instituant cette commission envisageait l'éventualité d'un transfert : « Cette commission donnera son avis sur l'opportunité du déplacement projeté, sur le choix d'un nouvel emplacement et sur la division des divers services aujourd'hui réunis… » Un texte de la plaquette *Hôpitaux de Grenoble*, extrait d'un ouvrage de 1881, montre bien ce qu'étaient les hôpitaux de Grenoble à cette époque : « …durant l'hiver, les élèves en médecine s'y livrent aux pratiques de la dissection et conservent des cadavres pendant deux ou trois semaines. Les nécropsies ne peuvent se faire en été que vingt heures après le décès, et dans les fortes chaleurs, la décomposition cadavérique attire beaucoup de mouches. Ces mouches (horreseo referens) n'ont qu'un espace de 10 à 12 mètres à traverser pour se poser sur les viandes de la boucherie ou se perdre dans les cuisines… les écuries et remises, une porcherie importante, un poulailler qui compte deux cents volatiles, une lapinière où l'on nourrit quatre-vingts à cent lapins, sont installés dans cette cour, derrière la maternité. »

La salle de dissection.

Les internes.

Le laboratoire. (Collection Charlotte Castella-Perrachon).

Le concierge de l'hôpital, rue de France.

Les internes s'amusaient. (Collection Charlotte Castella-Perrachon).

Le monôme des internes en 1900. (Collection Charlotte Castella-Perrachon).

Si l'idée de la reconstruction des hôpitaux réalisait autour d'elle une quasi unanimité, il n'en était pas de même quant au lieu à choisir pour cette implantation. Chacun et tous furent d'accord pour que les hospices s'installent hors les murs de la ville, mais pour les hôpitaux, s'il demeurait indispensable qu'ils s'éloignassent du centre ville, on ne savait guère où les installer pour qu'ils ne soient pas trop inaccessibles. Il est vrai qu'à cette époque se rendre à La Tronche constituait un "véritable voyage". La commission médicale proposa dans son rapport du 13 juin 1881 : « Les hôpitaux civil et militaire doivent être intra-muros, près des fortifications et sous le vent régnant, au chemin Mallifaud par exemple, ou près de l'octroi du cours Saint-André. » Ce n'est finalement qu'après dix-neuf ans de discussions que la nouvelle implantation de l'hôpital militaire fut décidée le 31 octobre 1905. En ce qui concerne l'hôpital civil, ce n'est que le 6 octobre 1904 que fut adopté le principe du transfert. L'hôpital militaire fut inauguré en 1911, l'hôpital civil en 1913.

La démolition de l'hôpital militaire.

Supplément du Petit Dauphinois du 6 Janvier 1889

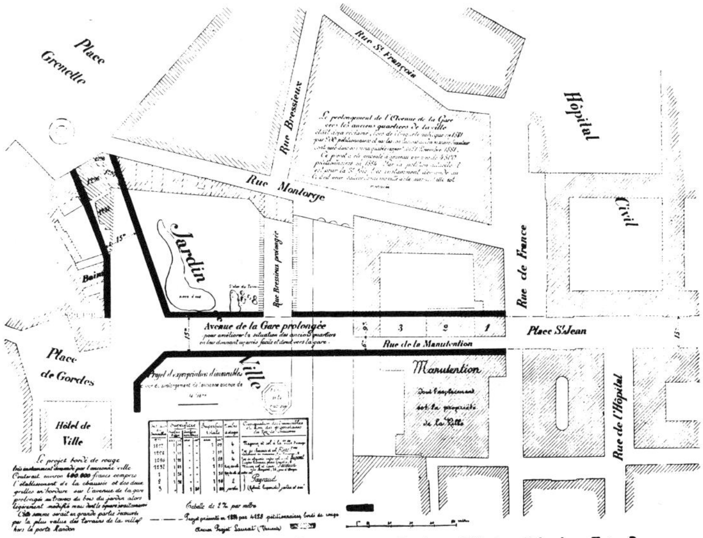

Premier tronçon de la Voie Centrale destinée à traverser l'ancienne Ville jusqu'à la place Notre-Dame

Ce tronçon serait payé en entier par la plus-value des terrains de la Ville situés hors la porte Randon

Concert au Jardin de Ville.

La foire des Rameaux sur les grands boulevards.

ILS S'AMUSAIENT...

Ils n'avaient pas la télévision nos grands-pères souvent même pas la radio et pourtant ils s'amusaient bien. A peine le cinématographe faisait-il une timide apparition dans les foires, comme l'indique cet article paru dans le *Petit Dauphinois* du 8 avril 1906 : « La foire des Rameaux n'est plus ce qu'elle était quand elle occupait le cours Saint-André, l'avenue de la Gare, le boulevard Gambetta, le Jardin de Ville. Maintenant installée sur la petite place Saint-Bruno elle incite les forains à déserter Grenoble. Cependant on pourra encore y admirer : le musée anthropologique, les perroquets savants, les phoques, le travail du verre et *des cinématographes.* »

La première projection cinématographique qui fut organisée à Grenoble, le fut, écrit Claude Muller, par Monsieur Servant président du Syndicat d'Initiative de Valence, le 28 mai 1894 au Casino de Grenoble. Cette séance fut suivie d'une conférence ; l'une et l'autre retinrent l'attention d'un nombreux public et de la presse qui, sans en faire la UNE de ses éditions du lendemain, lui réserva de larges colonnes. En attendant que les premières salles de cinéma ouvrent leurs portes, les projections avaient lieu en plein air, notamment place Grenette, et dans les "cabanes" de forains. Ceux de la foire des Rameaux installaient leurs cabanes le long des grands boulevards ainsi que dans le Jardin de Ville, avant que la municipalité ne les obligeât à se serrer dans l'étroite place Saint-Bruno. Là, la foire des Rameaux perdit beaucoup de son cachet et aussi de son attrait car, comme nous l'écrivions dans les chapitres précédents, ce quartier encore nouveau en 1906 n'attirait guère les Grenoblois, bourgeois pour la plupart, du centre-ville.

Les Grenoblois regrettaient surtout que la foire ait été obligée de déserter le Jardin de Ville qui, à la Belle Epoque, constituait un lieu de promenade privilégié. Jusqu'au XVIIe siècle, jusqu'à ce que en 1620 Lesdiguières en fît le parc de sa demeure, ce terrain demeura une vaste prairie où l'on se promenait, où l'on installait les foires trop importantes pour se tenir sur la place Grenette (place du Breuil). Les héritiers du duc vendirent la propriété à la ville en 1719. Alors commença une œuvre extraordinaire d'aménagement. C'est là qu'on installa le Torrent : une magnifique statue représentant un homme nu portant sur l'épaule gauche une cruche de laquelle se déversait l'eau qui formait un petit torrent, lequel s'éloignait vers les abîmes du globe en s'insinuant malicieusement entre les pierres délicatement moussues d'une rocaille. A peu de distance de là se dressait le kiosque sous lequel les différentes sociétés musicales de la ville, comme en témoigne le *Petit Dauphinois* du 16 février 1882, venaient jouer : « A partir du 1er mars les musiques militaires joueront de 3 heures à 4 heures les mercredis place de la Constitution (place de Verdun), les jeudis et dimanches au Jardin de Ville. » Mais le kiosque était très loin de ne donner asile qu'aux musiques militaires. La ville possédait l'Orphéon, depuis le 3 décembre 1860 surtout consacré à l'enseignement du chant et de la musique, les Trompettes grenobloises, l'Echo des Alpes, Grenoble-Trompettes, le Rallye-Cor, la fanfare des Enfants du Drac, l'Harmonie Italienne, l'Harmonie Municipale.

En outre Grenoble donnait asile à de nombreuses chorales. Il est vrai qu'elles disposaient de nombreuses salles où se produire. Par exemple il y avait le Casino Kursaal qui, bien que possédant sa propre troupe de comédiens, recevait de nombreux spectacles itinérants. Là avait lieu, en fin d'année, une revue extraordinaire, menée tambour battant au rythme des chansonniers, dans laquelle le journaliste, Jule Decocagne, épinglait l'actualité grenobloise avec la précision d'un entomologiste. Le propriétaire, monsieur Rivier, décida, en homme entreprenant qu'il était, d'agrandir le petit établissement de la rue Expilly. L'entrée fut déplacée rue Saint-Jacques, et il fit construire une brasserie rue Vicat de laquelle on pouvait accéder au Casino. Ces agrandissements audacieux et l'esprit d'entreprise de Monsieur Rivier ne furent pas toujours appréciés par la presse, notamment par les journaux radicaux comme *le Petit Dauphinois* qui salua et applaudit, dans son édition du 27 avril 1882, à une descente de police au Casino où le propriétaire venait de faire installer une table de baccara : « Nous ne saurions trop féliciter Monsieur Yvert (commissaire central) d'avoir commencé à sévir contre les établissements de jeu qui pullulent dans notre ville. » A la mort de Monsieur Rivier sa femme lui succéda avec beaucoup d'efficacité, puis vers 1930 le Casino devint le cinéma Rex.

Le principal concurrent du Casino Kursaal était l'Eldorado où se trouve de nos jours le garage Galtier, cours Jean-Jaurès. C'était la plus grande salle de spectacle de Grenoble qui, de plus, pouvait se transformer en cirque ; ce qu'elle ne manquait pas de faire l'hiver. Outre les opérettes, fort prisées à la Belle Epoque, et les concerts, elle accueillait de nombreux spectacles de Music-Hall, et des chanteurs. C'est là que Bach, le créateur de la Madelon, fit ses débuts. *Le Petit Dauphinois* du 25 mars 1906 nous donne un aspect de spectacles de l'Eldorado : « La partie de campagne de Monsieur le Curé ; l'élection Fallières ; la jolie féerie de Cendrillon. En soirée dans la salle du premier étage pour la mi-carême bal costumé : 0,50 F par cavalier. »

L'Eldorado eut Bach, le théâtre eut Sarah Bernhardt le 9 mai 1882 dans la *Dame aux Camélias* où elle obtint un succès proche du délire, bien que les fauteuils fussent à 25 francs. Fût-elle à ce point grisée par les acclamations grenobloises, toujours est-il que Sarah Bernhardt, partie pour Genève, décida de modifier son voyage de retour et de revenir à Grenoble le 13 mai pour donner *Frou-Frou.* Là ne s'arrêta pas le succès grenoblois de la célébrissime actrice, qui revint en 1883 où elle joua *Frédora,* puis en 1886.

(Document *Le Progrès Illustré*, 1895).

Il eut une naissance bien difficile, le théâtre de Grenoble. Contrairement à la plupart des villes romaines, mais Gratianopolis le fut si peu, Grenoble ne semble pas avoir possédé de théâtre véritable. Le Moyen Age ne nous a pas laissé plus de traces d'activité théâtrale que l'époque romaine, cependant nous pouvons penser, qu'ici comme ailleurs, devaient se jouer des mystères sur le parvis des églises. Le seul mystère qui soit connu est bien loin du Moyen Age, puisqu'il fut joué le 9 juin 1527 et imprimé par Anemond Amalberti en 1530. Molière et sa troupe seraient venus à Grenoble en 1658, mais il n'y a aucune certitude, à ce jour du moins. Quoiqu'il en fut et soit de la nuit des temps, Grenoble n'avait pas de théâtre, pas de lieu où dire la tragédie et jouer la comédie. L'habitude voulait qu'on autorisât les comédiens à construire un théâtre en planches, dans l'un des quatre jeux de paume de la ville ; mais était-ce suffisant pour la capitale du Dauphiné ?

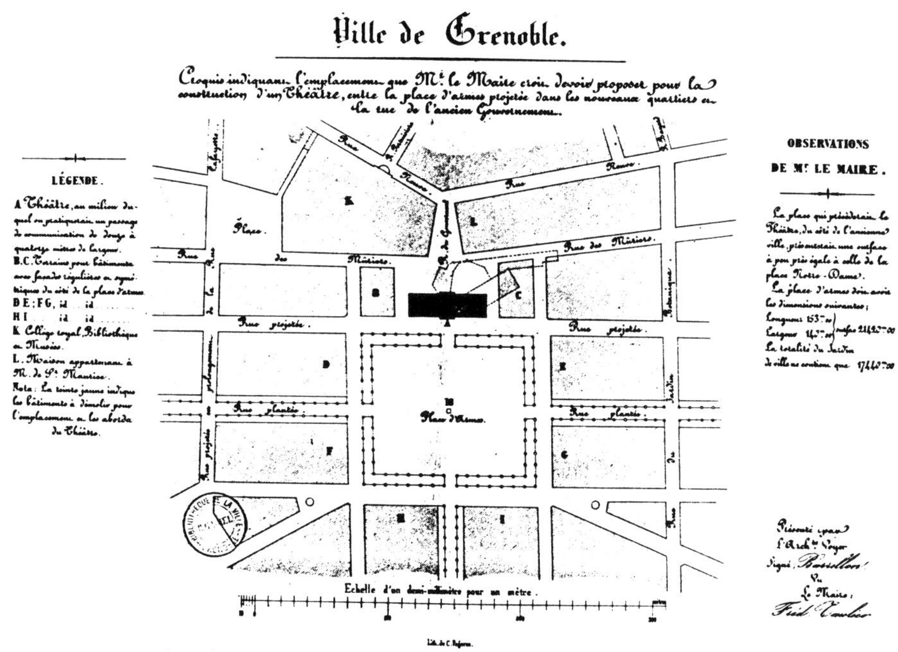

Monsieur Bertrand, entrepreneur de spectacles, à n'en point douter ému jusqu'aux larmes par l'indigence dans laquelle se trouvait le grand art, entreprit de proposer une souscription afin d'acquérir un lieu pour que puissent se donner des spectacles. Son idée remporta un succès que les mots auraient bien du mal à décrire, si bien que le 30 avril 1767 il acheta l'ancien jeu de paume de la maison Lesdiguières. Le 27 novembre 1768 le théâtre ouvrait sa scène avec la troupe de Baron (arrière-petit-fils de Boyron dit Baron de la troupe de Molière). Très vite la salle apparut comme insuffisante ; à tel point qu'en 1788, un monsieur Cointereau diffusa une brochure intitulée : *Observations sur le spectacle actuel de Grenoble, sur ses inconvénients, le genre et les moyens de bâtir une nouvelle salle de comédie.* Dans cette brochure il proposait que fut construite une nouvelle salle de spectacles en bois dans le Jardin de Ville.

La Révolution arriva et passa, et on oublia monsieur Cointereau et sa brochure. Curieusement le théâtre ne fut pas florissant sous le Premier Empire, il fallut le retour des Bourbons pour qu'il se réveillât. Il le fit si bien, que les années passant, on décida en 1853 de le rénover entièrement. La soirée d'Adieux, pour cause de réparations, fut donnée le 12 avril 1853 avec à l'affiche : *une Tempête dans un verre d'eau* (une comédie de Léon Gozlan) ; les saltimbanques, un drame en un acte ; quelques chansonnettes en intermède ; un étudiant de 6e année (une pochade par un étudiant grenoblois). Le rideau se leva de nouveau le 19 novembre 1853 avec : *le Code des Femmes* (Vaudeville en un acte) ; *les Mousquetaires de la Reine* (un opéra comique)... entre autres. Le théâtre devait lutter contre une forte concurrence ; celle du Casino Kursaal et celle des cirques, comme en 1855 où lorsque le cirque Franconi s'installa à Grenoble, le théâtre mit à l'affiche *les Gymnasiaque* (les frères Boissely) pour contrebalancer la concurrence. Le théâtre, comme tous, connut des moments de gloire et des périodes de morosité. La ville fut obligée de le subventionner à hauteur de 10 000 francs pour la saison 1869-1870 où le directeur Mairalt connut des débuts difficiles. Heureusement il remonta la pente en présentant en février 1870 le docteur Epstein pour une séance de magnétisme. Le mois de mars de cette année fit connaître à la scène du théâtre grenoblois une bien curieuse aventure : on y donnait *la Belle Hélène* dans laquelle la chanteuse Rosa Bell tenait le rôle principal ; celle-ci fut prise de violentes douleurs, on la transporta dans les coulisses où elle donna naissance à un magnifique bébé qui assurément devint comédien !

Entre autres anecdotes, on peut rapporter la visite à Grenoble de Gambetta qui, le 10 octobre 1878, assista au théâtre à la Grande Duchesse. A son entrée dans la salle, celle-ci explosa en applaudissements, interrompant ainsi la présentation. On baissa le rideau et l'actrice principale s'avança devant la scène où elle entonna *la Marseillaise*. Ce fut un véritable délire ! Trois ans plus tard, alors que monsieur Bressolles était directeur, les spectateurs avaient la fâcheuse tendance à déserter le théâtre : bien sûr chacun savait les désastreuses conséquences des incendies de Nice et du Ring-Théâtre de Vienne. Un programme de réparations fut mis à l'étude. Heureusement Sarah Bernhardt, dont nous parlions plus haut, vint pour remplir et la salle et les caisses. Ainsi donc des artistes de renommée internationale se produisaient à Grenoble, qui toutefois conservait une place pour les créations locales. C'est ainsi que le 26 mars 1885, on joua *le Châtiment*, une pièce en quatre actes d'un certain Gustave Rivet (celui-là même qui devint député).

DE LATORRE et la Presse

Quelques Opinions

PARIS

Le Figaro :

L'opérateur que nous avons vu débuter jeudi soir à l'Eden-Théâtre et qui a tenu le tout Paris des premières sous le charme de sa baguette magique et de sa verve intarissable est le professeur **De Latorre,** l'illusionniste bien connu dans le monde entier, dont les tours prodigieux ont produit sur la nombreuse assistance une profonde sensation de plaisir mêlée à un véritable sentiment de stupeur.

Après les Bosco, les Robert-Houdin on pouvait croire qu'il était impossible d'émerveiller un public aussi blasé que le public parisien.

Avec **De Latorre,** etc., etc.

BRUXELLES

Bruxelles a la chance de posséder en ce moment le professeur **De Latorre** qui a tenu hier soir, au Théâtre du Musée Castan, le public pendant trois heures sous le charme d'un spectacle des plus intéressant.

Ses illusions forment tout ce que l'on peut rêver d'original, cela sort de l'ordinaire des expériences auxquelles on est habitué, c'est un spectacle à voir autant par les grandes personnes que par les enfants.

AMSTERDAM

Amsterdamsch Courant (traduit du hollandais) :

Depuis six jours, ainsi que tout Amsterdam a pu s'en rendre compte, la jolie salle du Théâtre Van Lier regorgeait de monde, le public s'y portait en masse pour y admirer les expériences du célèbre professeur **De Latorre.** Inutile de vous décrire tout l'attrait d'une semblable soirée.

SPA

Spa Mondain :

S. M. la Reine et S. A. R. la princesse Clémentine ont repris dès le lendemain de leur arrivée leurs excusions à cheval dans nos pittoresques environs. Le soir, nos hôtes ont assisté à la représentation organisée au théâtre par le professeur **De Latorre.**

Disons de suite que S. M. et S. A. R. la princesse se sont vivement intéressées aux divers exercices du célèbre opérateur et qu'elles donnaient à tour de rôle le signal des applaudissements bien mérités d'ailleurs par l'habile illusionniste.

En somme, soirée divertissante qui a fait grand honneur à la direction qui s'inspire toujours du proverbe : *Varietas delectat.*

Durant la saison de 1885-1886 Grenoble faillit perdre son théâtre dont le directeur était un nommé Franz, qui ne se préoccupait guère du cahier des charges imposé par la ville ; qui plus est l'affiche n'emportait guère l'approbation des spectateurs. Ceci et cela mirent le théâtre face à des difficultés financières énormes. Franz décida de réduire le prix des places de moitié pour attirer du monde, mais sans succès. Le 30 mars 1886, il réunit la troupe pour lui annoncer qu'il se trouvait dans l'impossibilité d'assurer la charge des salaires. Les artistes acceptèrent la proposition de Franz qui leur laissait les 5 000 francs de caution qu'il avait versé à la ville, s'ils acceptaient de terminer la saison. On fonda une société des artistes dont Franz fut nommé gérant, et la saison pouvait aller à son terme. Mais voilà que madame Jolly-Watson, qui comme tout le monde avait accepté la proposition de Franz, manifesta le désir d'être payée et de se retirer. Ce fut alors un véritable scandale qui remua la troupe. Les artistes signalèrent, dénoncèrent la mauvaise foi de leur consœur aux journaux. Jolly-Watson démissionna et le théâtre continua. D'autant mieux que le 5 avril 1886 on y fit venir l'hypnotiseur Pickman et son élève Donato qui firent salle comble en présentant les expériences de la chambre mystérieuse.

Une autre alerte, de courte durée, eut lieu en 1889 lorsque la presse se ligua contre le directeur Montaubry qui « se moquait d'elle ». Le public, faute d'annonce, déserta le théâtre qui fut mis en régie en novembre de la même année. Messieurs Henry, pour la partie théâtrale, et Tardy, pour la musique, remplacèrent le peu médiatique Montaubry.

Durant cette dernière période que nous venons d'évoquer, de grands travaux furent réalisés. En 1888 on remplaça l'éclairage au gaz par un éclairage électrique jugé moins dangereux ; cette même année le capitaine-ingénieur Biron, des sapeurs-pompiers de Grenoble, inventa un rideau métallique qui devait séparer la scène des spectateurs en cas d'incendie. En 1889 on refit le chauffage en installant un calorifère élaboré d'après le système Michel Perret (qui habitait à Tullins) et fabriqué par la maison Bouchayer ; on constitua également, dans les combles, une réserve d'eau susceptible d'inonder le théâtre en cas d'incendie.

Ainsi le théâtre vint jusqu'à nous ; bien souvent le spectacle était plus dans la salle que sur la scène. Les yeux se tournaient vers les chapeaux des élégantes, en manches ballons de taffetas terminées par des gants de préférence blancs. C'était un des lieux où l'on se montrait !

Le théâtre de Grenoble (façade).

Théâtre et Casino étaient surtout l'apanage de la bourgeoisie ; les ouvriers n'y allaient que rarement, faute d'argent. Ces derniers avaient leurs promenades au Jardin des Dauphins où ils allaient voir et regarder "les joueurs de tennis" ; on allait se reposer et déjeuner sur l'herbe à l'Ile Verte, où parfois passait un curieux homme sur une drôle de machine appelé "tricycle". Certains, plus studieux ou simplement plus curieux, allaient flaner au Jardin des Plantes du Muséum. Là le calme était propice à la sieste. Souvent aussi les "hommes" rejoignaient l'Esplanade ou la Graille pour y jouer d'interminables parties de boule lyonnaise. Lorsque l'occasion se présentait, les familles entières et nombreuses se rassemblaient pour applaudir les courses d'avirons sur l'Isère, les prouesses des membres de la société de tir de Grenoble fondée en 1876, les folies des aviateurs des meetings aériens, où les courses de vélocipèdes qui apparurent en 1870.

Tricycle à l'Ile Verte.

Meeting d'aviation au Polygône.

Sieste au Jardin des Plantes.

Concours de boules à l'Esplanade.

Jardins des Dauphins.

Course de vélo le long des quais.

Les premières courses furent organisées trois ans plus tard. Cet engin demeurait peu maniable et les accidents étaient fréquents, ce qui entraîna le public à une certaine méfiance à son égard. Mais cela n'empêcha pas le vélo-club grenoblois d'organiser le 26 mai 1892 une course au profit des pauvres. On annonçait la venue de Civry, champion français, et Duclan, champion anglais, qui devaient participer aux courses. La journée se termina par un banquet tenu à l'hôtel Primat. En 1885, Starley mit au point la Rover, véritable ancêtre de la bicyclette avec une direction directe et deux roues de même diamètre. Il fallu cependant attendre le début du XXe siècle pour que la bicyclette se popularise et devienne un moyen de locomotion habituel. Mais son prix élevé par rapport à la modicité des salaires fera qu'elle tardera jusqu'après la Première Guerre mondiale pour envahir le cours Berriat.

DES DATES... HISTORIQUES

Grenoble, comme chaque ville ou village du globe, connut des "dates" qui marquèrent son histoire : très près de nous il y eut 1968 où la capitale des Alpes reçut les Jeux Olympiques. Nouvelle étape d'un développement commencé il y a bien des décennies. En 1968 les J.O. s'insinuant dans le plan d'urbanisation envisagée quelques années plus tôt par la municipalité Michallon, permirent ou autorisèrent l'extension de la ville vers le sud : la ville neuve naquit à la suite du village olympique. Ainsi se réalisait le vieux rêve de Berriat, Rey et Mistral !

Ce fut la deuxième grande poussée de la ville vers le sud. La première fut l'œuvre de Paul Mistral. Celui-ci continuait l'œuvre entreprise par ses prédécesseurs ainsi que nous en parlions dans le premier chapitre de ce livre. Notamment avec l'architecte-urbaniste Jaussely, Mistral entreprit d'urbaniser la partie de la ville située au sud de l'actuel boulevard Jean-Pain. Il rencontra des difficultés qui pouvaient paraître insurmontables, face à l'Armée qui mettait une mauvaise grâce évidente à évacuer le polygone du génie, bien que la ville ait obtenu du ministère de la Guerre de ne plus être classée "place forte". Dans cette mouvance urbanistique Paul Mistral émit, en 1923, l'idée d'organiser une grande exposition internationale de la houille blanche et du tourisme. Outre l'aspect médiatique que présentait cette exposition, elle permit d'accélérer l'urbanisation vers le sud de la ville en "expropriant" le Génie et en occupant les terrains du polygone. Devant l'obstination de l'Armée, Paul Mistral fit plusieurs interventions, demeurées célèbres, à la chambre des députés, et il fit commencer les travaux de démolition, avant d'avoir l'accord de l'Armée et toutes les autorisations officielles.

Rien ne semblait devoir faire reculer Monsieur le Maire : on démolit ainsi 1 400 mètres carrés de maçonnerie, on arasa 825 mètres de fortifications, ainsi furent libérés les 25 hectares nécessaires à l'exposition.

Le commissaire général fut nommé par arrêté ministériel du 29 décembre 1923 ; il s'appelait Marius Blanchet. C'est à lui qu'incomba la lourde charge de coordonner le gigantesque travail des différents commissaires, administrateurs et directeurs. On organisa l'exposition en trois sections : houille blanche avec les activités relatives à l'électricité, l'industrie et la télégraphie ; la section tourisme avec les éléments touristiques du transport et de l'accueil, les industries hôtelières et de séjour, les organismes de mise en valeur des régions, la photographie et la cinématographie ; le groupe colonial.

On construisit un immense palais de la houille blanche dans lequel on pouvait exposer moyennant le paiement d'une location de 350 francs le mètre carré pour un emplacement au centre, 250 francs le mètre carré pour d'autres emplacements, auxquels s'ajoutaient 50 francs le mètre carré de droit de vente. Mais il était également possible d'exposer à l'extérieur du palais pour un prix moindre. Les 25 hectares furent envahis par une multitude de pavillons parmi lesquels il y eut deux restaurants dont le restaurant populaire longtemps appelé "restaurant du Parc". Il fut remplacé dans les années 1960 par la patinoire. Deux attractions retinrent plus particulièrement les suffrages des milliers de visiteurs : la tour de 80 mètres construite en béton armé par l'architecte Auguste Perret et le village alpin.

Ce fut dans cette tour que, le jour de l'inauguration par le président du Conseil Paul Painlevé, Edouard Herriot et Monsieur Hessé restèrent bloqués dans l'ascenseur. Tous deux avaient quitté le cortège officiel pour se rendre au sommet de la tour afin d'admirer le panorama tout à fait sublime. Mais voilà, l'heure du repas ayant sonné, le gardien qui n'avait pas vu les deux compères pénétrer dans l'ascenseur, s'en alla sans oublier de couper consciencieusement le courant électrique, ce qui eut pour effet d'immobiliser l'ascenseur.

Ce ne fut que le 2 août 1925 que le président de la République Gaston Doumergue vint visiter l'exposition. Il vint à temps car en septembre un incendie d'une rare violence détruisit le palais des transports frappé par la foudre. Mais heureusement la deuxième grande attraction de l'exposition fut préservée des intempéries : le village alpin. Le journal *la Construction moderne* parlait de l'œuvre des architectes Rome et Rabilloud comme du "clou de l'exposition".

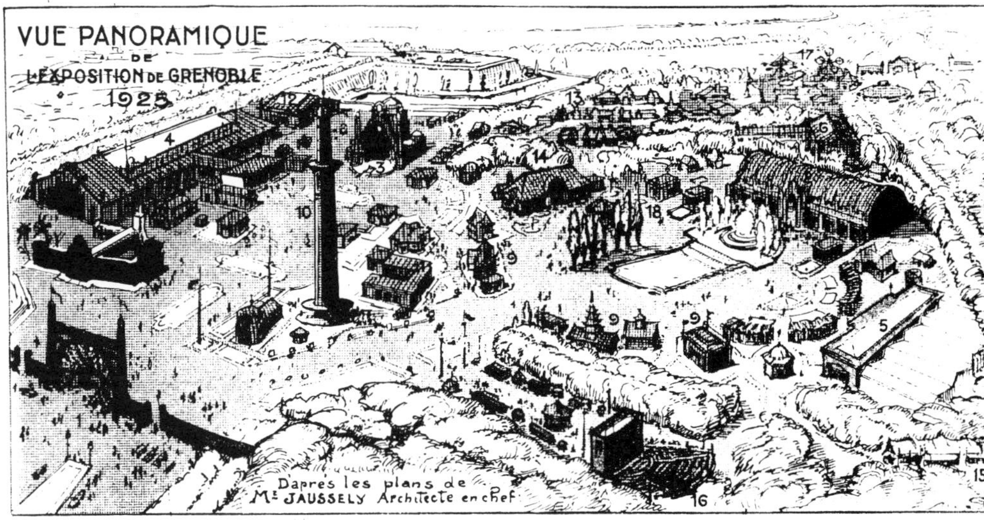

LEGENDE

1. Entrée Monumentale.
2. Gd Palais de la Houille Blanche.
3. Gd Palais du Tourisme.
4. Transports, Industries Touristiques
5. Applications de l'Electricité.
6. Matériel de Chemins de fer.
7. Maison Moderne.
8. Section Coloniale.
9. Sections Etrangères.
10. Tour de 80 mètres.
11. Arts Régionaux.
12. Tourisme d'autrefois.
13. Village Haut Alpin.
14. Grand Restaurant.
15. Restaurant Populaire.
16. Théâtre de plein air.
17. Attractions.
18. Kiosque à Musique.

4 INDUSTRIES TOURISTIQUES — 8 SECTION COLONIALE — 6 MATÉRIEL DE CHEMINS DE FER

GRENOBLE 1925 – Exposition Inter

Reconstitution du Village St-Véran – l'É

tionale - Houille Blanche et Tourisme

se et la Place MM. Rome et Rabilloud, arch

Palais de la Houille Blanche.

Entrée principale.

Stand du journal “la Gazette des Alpes”.

Les maisons et l'église du Village Alpin.

Les deux architectes avaient rassemblé sur quelques centaines de mètres carrés les différents types architecturaux des maisons symboles des régions alpines constituant ainsi un village où l'on trouvait l'église, le four communal, la poste, et même l'auberge à l'enseigne du Mulet Rouge.

En 1926 l'emplacement de l'exposition fut transformé en parc : le parc Paul-Mistral.

Autres faits, autres dates : Grenoble reçut Léon Gambetta le 26 septembre 1872 et le 10 octobre 1878. Le 20 juillet 1888, ce fut la visite du président de la République Sadi Carnot venu présider à Grenoble et à Vizille les festivités du Centenaire de la Révolution.

Lorsque naquit ce livre, Grenoble célébrait le bicentenaire de la Révolution qui vit le jour en son sein le 7 juin 1788 avec la Journée des Tuiles. Grandiose était le bicentenaire, extraordinaire fut le centenaire !

Sadi Carnot, place Grenette.

Dans sa séance du 19 août 1886 le Conseil Général de l'Isère décida d'honorer "l'ardent libéralisme des Dauphinois en 1788", répondant ainsi au vœu de M. Cavard, conseiller général de Vizille. Ce fut à la suite du rapport présenté par M. Rivet que le Conseil général prit sa décision. M. Rivet s'exprima en ces termes : « Dans des récits, dans des discours, le centenaire de Vizille a été annoncé. Le Conseil municipal de Vizille, il y a quelques mois, prenait une délibération pour préparer cette fête commémorative. Enfin, un grand nombre de nos collègues, répondant au sentiment public, ont pensé qu'il appartenait aux élus du suffrage universel de prendre l'initiative de la manifestation que le département de l'Isère doit faire en 1888. »

Un comité d'organisation fut nommé sous la présidence d'honneur de Casimir Perier député de l'Aube, propriétaire du château de Vizille et petit-fils de Claude Perier qui accueillit l'Assemblée de Vizille le 21 juillet 1788.

La commission des fêtes, issue de ce comité d'organisation, lança un vibrant appel aux Dauphinois : « Les villes de Grenoble et de Vizille célèbreront, les 20 et 21 juillet prochains, le Centenaire de la Glorieuse Révolution dauphinoise de 1788, qui donna au peuple français le signal de l'assaut contre les privilèges de la monarchie et prépara les voies de la Révolution française.

Cet anniversaire sera fêté avec toutes les pompes qu'il comporte. Le président de la République, les présidents des Chambres, les Ministres, un grand nombre de sénateurs, de députés et de hauts fonctionnaires ont promis de se rendre en Dauphiné pour payer à la mémoire des membres de l'Assemblée de Vizille, le légitime hommage que doivent rendre des républicains, à ceux qui ont fondé la République.

Les fêtes du Centenaire dauphinois seront brillantes et rien ne doit être négligé pour en augmenter l'éclat. Déjà le Département, les villes de Grenoble et de Vizille, ainsi que de nombreuses communes du département ont voté des sommes considérables pour faire face aux frais ; mais la Commission des fêtes du Centenaire veut célébrer dans le cadre grandiose de nos montagnes, des fêtes dignes de notre beau pays.

Pour atteindre ce but, elle fait appel à la générosité et au patriotisme de tous les Dauphinois.

Il faut que les notabilités, que les étrangers qui nous feront l'honneur de visiter le Dauphiné le mois prochain gardent un souvenir impérissable de la magnificence de ses sites et de la large hospitalité de ses habitants.

La commission des fêtes du Centenaire prévient tous les Dauphinois que la souscription est reçue par M. Martin adjoint au maire de Grenoble, trésorier du comité.

La Commission des fêtes du Centenaire »

Les festivités de ce Centenaire furent si magnifiques qu'il vaut d'en donner ici, in extenso, le programme.

Le 19 juillet : retraite aux flambeaux à 8 heures du soir par toutes les musiques militaires ;

Le 20 juillet : à 10 heures entrée officielle du Président de la République ; il fut reçu sous l'Arc de Triomphe élevé par la ville de Grenoble au début du cours Saint-André.

REPUBLIQUE FRANÇAISE

FÊTES DU CENTENAIRE DE 1788

QUI SERONT DONNÉES

A Grenoble et à Vizille, les 20 et 21 juillet 1888

En presence de M. le Président de la Republique française

FETES DE GRENOBLE

Le 19 juillet, à 8 heures du soir, RETRAITE AUX FLAMBEAUX par toutes les musiques militaires

JOURNEE DU 20 JUILLET

Entrée et réception du Président de la République

A 10 heures du matin, entrée officielle du Président, accompagné des Ministres, des Sénateurs et Députés et du Préfet de l'Isère, et des Officiers de sa Maison militaire.

Le Président sera reçu sous l'Arc-de-triomphe élevé par la Ville au Cours Saint-André, par le Maire de Grenoble, ses Adjoints et le Conseil municipal.

Le cortège, escorté d'un escadron de cavalerie, suivra le Cours Saint-André, l'Avenue de la Gare, la rue de France, la rue Montorge, la place Grenette, Pierres-Pontées, la rue du Lycée, la rue Général-Marchand, la place de la Constitution coté Est, et entrera à la Préfecture.

Défilé des Troupes

A 10 heures et demie, toutes les troupes de la garnison qui auront formé la haie sur le parcours du cortège, défileront devant le Président de la République, qui aura pris place sur la terrasse de la Préfecture.

Réception des Autorités

A 11 heures, le Président recevra à la Préfecture la visite des Autorités et des corps constitués.

Banquet

A midi et demi, un banquet aura lieu en présence du Président de la République, dans l'une des Cours du nouveau Lycée.

Visite du Lycée

A 3 heures, le Président visitera le Lycée.

Visite des Hôpitaux

En sortant du Lycée, le Président parcourra le cours Berriat, la rue du Quatre-Septembre, la rue Circulaire, l'avenue de la Gare, le boulevard Gambetta, la place Victor-Hugo, le boulevard de Bonne et visitera les hôpitaux civils et militaires.

Visite du Musée-Bibliothèque

A 5 heures, le Président visitera le Musée-Bibliothèque.

Réception à la Préfecture

A 8 heures et demie du soir, une réception ouverte aura lieu à la Préfecture.

Visite à l'Hôtel de Ville

A 10 heures, le Président se rendra à l'Hôtel de Ville, où il sera reçu par le Maire et le Conseil municipal dans la salle où s'est tenue le 14 juin 1788 la mémorable assemblée du Corps de ville et des principaux notables de Grenoble.

La Municipalité lui remettra divers souvenirs de sa visite.

L'arrivée et le départ du Président de la République seront annoncés par des salves de 101 coups de canon.

Les cloches de toutes les églises sonneront à son arrivée.

Des distributions extraordinaires de secours seront faites aux indigents par les soins du Bureau de bienfaisance et de la société de Patronage des vieillards.

Pendant l'après-midi, des **Concerts** *auront lieu au Jardin de Ville, sur la place de la Constitution*

Ensuite le Président Sadi Carnot remonta le cours Saint-André escorté par un escadron de cavalerie, puis l'avenue de la gare, la rue de France, la rue Montorge, la place Grenette, la rue Pierres-Pontées, la rue du Lycée, la rue général Marchand, la place de la Constitution qu'il aborda par le côté est, avant de se rendre à la Préfecture.

Tout le long de son parcours le cortège fut sous la surveillance d'un ballon captif de l'armée. L'Arc de Triomphe sous lequel le Maire de Grenoble remit les clés de sa ville au président de la République avait été construit par l'administration forestière. Il mesurait 23 mètres de haut ; il était orné de rhododendrons déposés sur un tapis de mousse, des sapins soutenaient les voûtes de verdure et « tout lui donnait un caractère alpestre du meilleur goût ».

Le long du parcours la foule dense que la police, la gendarmerie et l'armée avaient du mal à contenir, laissait éclater sa joie et son enthousiasme. Partout on entendait les cris de « Vive Carnot, Vive la République ! » Lorsque le cortège aborda la place Grenette une jeune fille de l'école de La Tronche s'avança vers Carnot et s'adressa à lui en ces termes : « Monsieur le Pésident de la République, Nous sommes heureuses, Monsieur le Président de la République, de vous souhaiter la bienvenue et de saluer en vous le gouvernement de la France, notre chère patrie. On nous a dit, à notre école de La Tronche, que ces fêtes dont nous garderons le souvenir, sont celles de la liberté et de l'indépendance.

On nous a aussi appris que les femmes de Grenoble, avaient su prendre leur part des grands événements qui ont fait la société moderne.

Nous les admirons de toute notre âme. Nous aimons aussi bien notre France et soyez persuadé, Monsieur le Président de la République, qu'au jour du danger, nous saurons rendre à nos pères et à nos frères la part de leur cœur que nous détenons pour qu'ils puissent le consacrer tout entier à la Patrie et à la République. »

Puis le cortège repartit. Lorsqu'il arriva rue du Lycée le Président tint à s'arrêter devant l'emplacement de l'ancien hôtel du Gouvernement. Là, une jeune fille lui offrit un bouquet en forme de tuile pour symboliser la journée du 7 juin 1788.

Le cortège officiel vu du ballon captif.

Enfin le cortège présidentiel entra à la Préfecture où furent reçus les notabilités et les corps constitués. Parmi ces derniers on put compter bon nombre de délégations dont celle des compagnons charpentiers qui s'avança précédée de sa bannière. Les compagnons portaient une canne Louis XIV et des insignes sur lesquels étaient brodés les outils de leur profession. La délégation fut présentée au Président de la République par son président M. Grandjean qui céda la parole à Guillon fils de Romanèche-Thorens, lequel prononça le discours suivant :

« Monsieur le Président de la République

Nous sommes très heureux qu'en ce jour de si grande mémoire, nous puissions vous présenter les hommages de notre reconnaissance et vous témoigner l'assurance de notre profond respect. Oui, Monsieur le Président, nous saluons en vous la personnification de la France républicaine. Aussi la délégation des Compagnons Charpentiers du Devoir de Liberté vous remercie-t-elle de la bienveillance que vous avez bien voulu lui accorder en la recevant aujourd'hui. Elle vous présente un corps de travailleurs. Son existence est la solidarité, son but de savoir transmettre à ses jeunes compagnons les moyens pratiques pour une bonne exécution et même éveiller de l'architecture ces combles hardis qui font l'élégance de la charpente. Tous nos efforts sont consacrés, à la veille de la grande exposition qui se prépare (exposition internationale de Paris de 1889) à la construction de nouveaux chefs-d'œuvre. Nous voulons marquer notre place au milieu de ce temple de la paix, puissions-nous par notre travail mériter l'estime et la bien digne considération de Monsieur le Président de la République. »

Puis ce fut un banquet qui réunit huit cents convives servis par les employés de l'hôtel Trillat dans la cour du nouveau lycée. A 15 heures les officiels quittaient le banquet pour visiter le lycée puis les hôpitaux, et à 17 heures le musée-bibliothèque de la place de la Constitution avant de se rendre à nouveau à 20 heures à la Préfecture pour une réception ouverte.

A 22 heures le Président de la République fut reçu à l'hôtel de ville dans la salle où le 14 juin 1788 s'était tenue l'Assemblée du corps de ville et des principaux notables. L'arrivée du Président ainsi que son départ furent salués par des volées de cloches et cent une salves de canons. Cette journée donna lieu à une distribution extraordinaire de secours de la part du bureau de bienfaisance et de la société du patronage des vieillards.

Durant la cérémonie à l'hôtel de ville, M. Borel, fabricant de gants, ancien président du tribunal de commerce, offrit au nom de la chambre syndicale des maîtres gantiers à l'intention de Madame Carnot trois douzaines de gants de chevreau glacé de six à douze boutons fabriqués par Francoz et fils la plus ancienne des fabriques grenobloises, et trois douzaines de gants de Suède de douze à vingt-six boutons de la fabrique Reynier aussi ancienne que la précédente.

La cérémonie et la journée s'achevèrent par une fête vénitienne entre le pont suspendu et l'ancien pont de pierre organisée par la

Société des Sauveteurs. Ensuite il y eut de grandioses fêtes de nuit durant lesquelles le Rabot et la Bastille furent illuminés par des « projections lumineuses par l'électricité ». A 22 heures un grand feu d'artifice fut tiré par les établissements Ruggieri à partir du pont suspendu.

Ce n'était là que la clôture de cette journée qui comporta bien d'autres réjouissances : tout l'après-midi des concerts au jardin de ville, place de la Constitution, place du marché et cours Berriat ; à 14 heures une grande fête populaire à l'Esplanade avec le concours des Sociétés Vélocipèdiques et des sociétés de gymnastique, à 16 heures l'ascension d'un ballon libre ayant à son bord les aéronautes Schillé et Delahauge.

Après une courte nuit ce fut, le 21 juillet à 9 heures, le départ pour Vizille où à 11 heures devait avoir lieu l'inauguration du monument à la gloire de la Révolution.

Médaille commémorative du centenaire de la Révolution dauphinoise.

298. - Dauphiné. - Vizille. - Le monument du Centenaire
Edition des Galeries Modernes. - Grenoble.

26. AVENUE de L'OPÉRA
AVENUE de L'OPÉRA. 26
1789
LIQUIDATION
DE LA VILLE D'AMIENS
CHATEAU DE VIZILLE, BERCEAU DE LA REVOLUTION
CAMILLE DESMOULINS AU PALAIS ROYAL
PRINCIPES de 1789.

Alors que le cortège passait place Grenette devant la brasserie des Trois-Dauphins, un groupe de représentants de commerce arrêta la voiture présidentielle ; l'un d'eux monta dans la voiture et offrit un bouquet de fleurs au président Carnot qui s'en montra, dit la Presse, très ému.

Après que fut inauguré le monument, un grand banquet eut lieu sur la terrasse du château. La nuit apporta avec elle illuminations, feux de joie et feux d'artifices. On illumina les montagnes alentours avec des milliers de feux de joie.

Le lendemain le Président Carnot quitta Vizille alors que le parc et la pièce d'eau accueillaient une grande fête nautique.

Et il s'en fallut de peu que ces festivités soient annulées : le 20 juillet il plut jusqu'à 9 heures alors que « les trains de plaisir organisés par les compagnies de chemin de fer amènent à Grenoble une foule immense de visiteurs. » (Edouard Brichet)

VIZILLE. — INAUGURATION DU MONUMENT COMMÉMORATIF DU 21 JUILLET 1788. —

ssin de M. Gérardin, d'après le croquis de M. Louis Tinayre, notre envoyé spécial.)

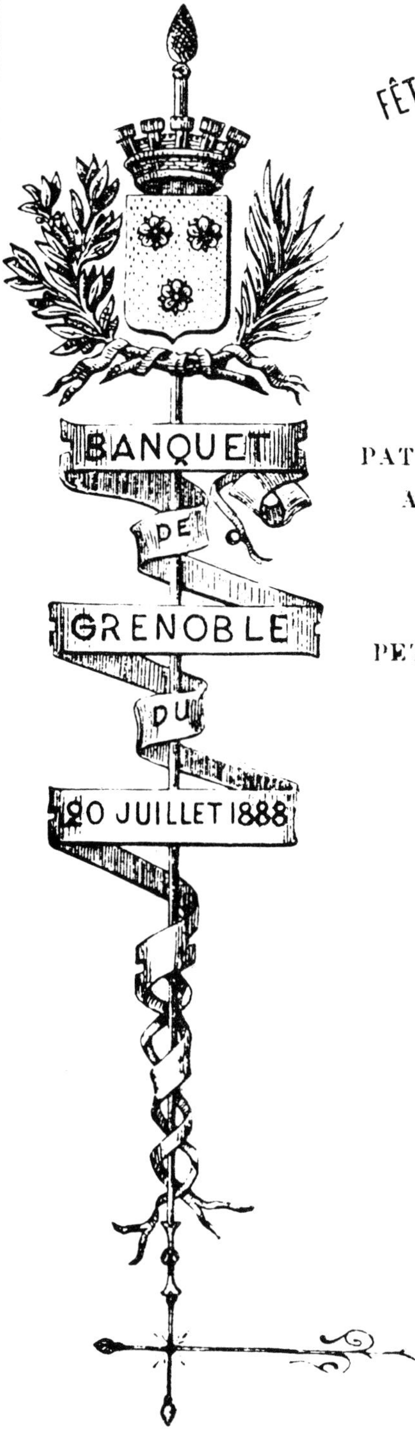

FÊTES DU CENTENAIRE DAUPHINOIS

De 1788

MENU

HORS-D'ŒUVRE VARIÉ
PATÉS FROIDS TRUFFÉS A LA GELÉE
ALOYAUX A LA FINANCIÈRE
SAUMON SAUCE NANTUA

PETITS POIS A LA DAUPHINOISE
DINDONNEAUX ROTIS
SALADE MACEDOINE

ROCHERS DE GLACE
PIÈCES MONTÉES
DESSERT

VINS

DE LA VALLÉE, MÉDOC,
BOURGOGNE, CHAMPAGNE

CAFÉ, COGNAC

Hôtel Trillat.

Une autre date marqua, dans le grand livre de l'histoire de Grenoble : le 15 avril 1889. Ce jour-là se tint l'assemblée constitutive du Syndicat d'Initiative. Il était le premier en France. La tâche que définissaient ses statuts était vaste et ambitieuse mais il sut y faire face brillamment, ce qui lui valut d'obtenir la médaille d'or de l'Exposition Internationale de San Francisco en 1901.

SYNDICAT D'INITIATIVE

Rue Montorge, 2, angle de la PLACE GRENETTE

GRENOBLE

Président : M. le comte DE MONTAL;
Vice-présidents : MM. DE MAISONVILLE, GAUTIER, BERGE, CAPITANT;
Secrétaire général : M. VIALLET;
Trésorier : M. VALLIER;
Administrateurs : MM. AMAR, BOITON, DUCROISET, LORY, Valérien PERRIN, RECOURA, Marcel REYMOND, ROBERT.

Le *Syndicat d'Initiative*, fondé dans un but purement patriotique et désintéressé, pour faciliter aux étrangers leur séjour à Grenoble et la visite des Alpes Dauphinoises, met *gratuitement* à leur disposition tous les renseignements qui peuvent leur être utiles sur Grenoble (fournisseurs, logements, villas dans les environs de Grenoble et dans les stations climatériques, voitures, monuments, ressources diverses, etc.) et sur les excursions en Dauphiné (itinéraires, moyens de transport, hôtels, guides, etc.).

Le *Syndicat* délivre aussi les billets de chemin de fer plein tarif et demi-tarif pour les stations du Dauphiné et les principales gares du réseau P.-L.-M., des réseaux de la Cie des Voies ferrées du Dauphiné (lignes d'Uriage et du Bourg-d'Oisans), de la Cie des Chemins de fer économiques du Nord (ligne de Sassenage-Veurey), des Tramways de Voiron à Saint-Béron et de Pontcharra-La Rochette-Allevard, les billets circulaires, les billets d'excursions en voitures et les coupons d'hôtel.

Un registre destiné à recevoir les réclamations et les desiderata sur les services de voitures, sur les hôtels, etc., est déposé au Bureau du Syndicat. Tous les voyageurs sont instamment priés d'y consigner leurs observations.

Le Siège social et le **Bureau des Renseignements gratuits** sont situés rue Montorge, 2, angle de la place Grenette, au premier étage.

Le Bureau est ouvert aux étrangers tous les jours, de huit heures à midi et de deux heures à six heures du soir, et, les dimanches, le matin seulement.

En outre, il est répondu par retour du courrier à toute demande de renseignements **accompagnée des frais de port.** On peut également se faire adresser les billets, tickets et coupons en envoyant au *Syndicat* le montant de ces billets, plus les frais d'une lettre recommandée. (Avoir soin d'indiquer la date exacte du départ pour les billets de chemin de fer.)

Le Syndicat a installé à PARIS, 10, rue Auber, dans les bureaux de la Société des VOYAGES ÉCONOMIQUES, un agent spécial chargé de donner tous renseignements, billets de chemin de fer et de voitures, coupons d'hôtel nécessaires à un voyage en Dauphiné.

Construction du Syndicat d'Initiative.

Le 15 avril 1900 eut lieu l'inauguration du réseau des tramways électriques urbains et suburbains. Mais déjà en 1899 cinq lignes étaient en service ; elles desservaient à partir de la place Grenette la gare SNCF, le cours Berriat jusqu'à Fontaine, La Tronche, Voreppe et l'Ile Verte.

Les tramways furent les bienvenus dans une ville où déjà les encombrements perturbaient la circulation, autant que les accidents comme le montrent quelques "brèves" saisies dans le *Petit Dauphinois :* (1er janvier 1882) « Avant hier, vers 3 heures de l'après-midi, un vieillard, le nommé Guillou, passait rue du Quai lorsqu'il a été renversé par la voiture de l'établissement Saint-Robert. Il a été atteint par l'une des roues et blessé au pouce de la main gauche. Guillou atteint de surdité n'avait pas entendu les avertissements réitérés du conducteur. Il a été conduit à l'hospice par les soins de la police. » ; (15 novembre 1882) « Grande rue un fiacre et un camion sont entrés en collision. Le choc a provoqué la cassure d'un des bras du fiacre. Une vive discussion qui dura 20 minutes, s'est engagée entre les conducteurs. Ce qui eut pour effet de voir s'agglutiner une foule d'une centaine de personnes. La police n'a pas paru. »

La pose des rails du tramway.

Place Grenette : le tramway.

La Patache.

Le tramway.

Transports "hippomobiles".

Place Grenette avant le tramway.

Une des premières automobiles à Grenoble.

Et pourtant la première voiture automobile n'apparut à Grenoble qu'en 1898. Son pilote, Monsieur Duchemin, membre du Syndicat d'Initiative, fut la vedette du jour lorsqu'il traversa la ville pour la première fois. Une foule nombreuse entourait "l'engin" et pressait son conducteur de nombreuses questions.

Enfin parmi les nombreuses dates historiques qui marquèrent la ville il faut citer le 4 août 1897 qui vit la visite du président Félix Faure qui vint notamment inaugurer la nouvelle école de médecine.

Voiture du Grand Hôtel.

Félix Faure, place Grenette.

Prise d'armes à l'Esplanade.

Campement provisoire en attendant la nouvelle caserne Dode.

L'ARMÉE

« Messieurs les officiers du 105e Territorial sont priés de se joindre au lieutenant-colonel Tarillons pour les visites officielles du 1er de l'an. » (*Petit Dauphinois* 1882).

La tradition militaire ancienne était encore bien vivante en 1882 à Grenoble qui possédait le statut de "place forte". Nous avons vu au cours du premier chapitre de ce livre les différends qui opposèrent l'Armée aux maires grenoblois, jusqu'à ce que Paul Mistral obtienne enfin le déclassement de la ville en 1922. Mais il est vrai que la Première Guerre mondiale avait sonné le glas d'une certaine conception de l'armée et avec elle celui des villes de garnisons.

Défilé place Sainte-Claire.

Grenoble conserva cependant quelques casernes mais le paysage militaire avait bien changé : rien ne ressemblait à cette énorme garnison du XIXe siècle avec ses 12 000 militaires qui représentaient 15 % de la population. Après 1918 l'armée ne disposait plus que de 5 000 hommes dans la capitale alpine.

La garnison comprenait le 140e Régiment d'Infanterie de la caserne Vinoy, le 2e Régiment d'Artillerie de campagne de la caserne de Bonne (primitivement à l'emplacement de la place Victor-Hugo), le 1er Régiment d'Infanterie de montagne de la caserne Hoche, le 11e Régiment d'Artillerie de forteresse au Rabot, le célèbre 4e Génie à la caserne de l'Alma et à la caserne Dode qu'il partageait avec les 14e, 28e et 30e Bataillons de Chasseurs alpins. Tous ces régiments participaient à la vie économique de la ville, mais aussi à son animation culturelle et à ses distractions par les concerts, les défilés et les nombreuses parades qu'ils organisaient.

Grenoble le 11 janvier 1903

Monsieur le Maire

Je vous pri d'avoir la bonte de menvoyer un bout de note & le plutôt possible pour prouver que j'ai tirez au sort à Cullins sans connet trouvé mon acte de naissance.

LES MANŒUVRES DANS LES ALPES

Types de chasseurs alpins munis de leurs raquettes.

Parc d'Artillerie du Quartier Saint-Laurent.

LE LYCÉE CHAMPOLLION

Parmi tous les établissements scolaires que compte Grenoble, nous choisissons de raconter en quelques trop courtes pages "Champo", car il fut construit au beau milieu de l'époque qui intéresse ce livre : 1887.

Ainsi donc "Champo" naquit en 1887. Jusqu'à cette date il n'existait qu'un lycée à Grenoble qui avait pris la suite, dans les mêmes murs, du collège des Jésuites qui à la Révolution était devenu Ecole Centrale avant que Napoléon le transforma en Lycée.

Les élèves du lycée Champollion.

Cela suffisait à la bonne marche de l'enseignement secondaire à Grenoble ; mais lorsque sonna l'aurore de la seconde moitié du XIXe siècle, les effectifs d'élèves croissant tellement, il fallut bien envisager de construire un nouvel établissement d'enseignement du second degré. Car bien que la construction de la bibliothèque et du musée, place de la Constitution, ait libéré de la place en grande quantité, le vieux lycée débordait d'élèves, notamment d'internes. Comme le rapporte Monsieur de Saint-Denis : « Si les murs bicentenaires résistent aux poussées juvéniles, l'intérieur est dans un état pitoyable ; le parquet, lit-on dans un rapport, est raboteux, usé, déchiré au point qu'il y a des trous où l'on peut se prendre le pied ; on se plaint fort de l'exiguïté des cours et du surpeuplement des dortoirs. Un bâtiment neuf et spacieux s'impose ; mais peut-être aurait-on encore attendu quelques lustres, tant la gent scolaire a toujours été compressible à souhait, si un concours de circonstances favorables n'avait accéléré la mise en route d'un nouveau lycée. »

Alors que la Troisième République menait activement sa politique anticléricale, Jules Ferry puis ses successeurs continuaient l'œuvre de Duruy. Certes la préséance était offerte à l'enseignement professionnel ou celui "féminin". Dans cette atmosphère, le maire de Grenoble, Edouard Rey, franc-maçon et anticlérical convaincu, trouva un terrain plus que favorable pour la mise en œuvre de ses idées novatrices et pleines d'une ambition débordante pour sa ville.

Dès son élection Edouard Rey, en 1881, se rendit à Paris pour s'entretenir de ses projets avec les responsables du Ministère de l'Instruction Publique et des Beaux-Arts. De retour à Grenoble, sans attendre, il lance un vaste programme de construction de groupes scolaires et pense à celle d'un lycée. Il fallait agir vite, d'autant plus vite que l'accroissement de la population, longtemps voisine de 30 000 habitants, exige que les locaux soient bâtis pour répondre aux obligations scolaires des lois Jules Ferry qui viennent de paraître. Il y avait en 1881, 50 000 habitants à Grenoble, ou peu s'en fallait.

Mais où construire le lycée ? On pensa à l'emplacement laissé vacant par les hôpitaux civil et militaire. Mais comme nous l'avons vu précédemment le transfert des hôpitaux traînait en longueur. Si Grenoble pouvait attendre encore quelques mois, voire quelques années, des hôpitaux neufs, par contre l'urgence de la construction d'un nouveau lycée s'affirmait chaque jour un peu plus. D'autant que sous l'impulsion d'E. Rey, la ville avait ouvert un collège pour jeunes filles dans des locaux au rez-de-chaussée de l'Hôtel de ville, ce qui très vite encombra les services municipaux. Il devenait urgent de loger ailleurs ce collège. On décida que les jeunes filles s'installeraient dans l'ancien lycée libéré par les garçons, qui rejoindraient le nouvel établissement. Celui-ci bénéficia de l'extraordinaire plan d'urbanisme mis en place par la municipalité d'Edouard Rey dont nous avons déjà parlé.

M. de Saint-Denis nous conte le projet retenu par la municipalité en 1882 : « Capacité de 1 000 élèves (400 internes, 100 demi-pensionnaires, 500 externes), séparation entre l'internat (dortoirs, réfectoires) et les locaux d'enseignement (classes, études), large place faite aux cours de récréation et aux gymnases, limitation de l'emprise faite par l'Administration (bureaux et logements) au strict nécessaire, le tout pour une somme "ne devant en aucun cas dépasser deux millions de francs, honoraires compris". Pour l'exécution de ce programme, la Ville, comme le lui recommande le Ministère de l'Instruction Publique, recherche un spécialiste de constructions scolaires d'importance ; elle fait appel à un architecte parisien en renom, membre de l'Institut, grand prix de Rome, Emile Vaudremer, chargé également de la construction du lycée Buffon. »

La construction du lycée.

Un campement militaire à l'emplacement de la future caserne Dode, au fond, le nouveau lycée.

Avant le projet, la mise en œuvre vint, bien que certains, dont Aristide Berges, trouvaient que le lycée fut prévu trop petit et qu'il aurait été souhaitable d'adjoindre aux 2 800 mètres carrés réservés à la construction, les 14 000 qui se situaient de l'autre côté de la rue Lesdiguières. Le conseil municipal s'y opposa, car il ne désirait pas que la nouvelle ville fut séparée de l'ancienne par une enceinte d'édifices administratifs à l'heure où l'on démolissait les murailles militaires. Et, d'autre part, le Maire ajouta : « Les normes ministérielles sont de 800 élèves au maximum, qu'une dérogation a été nécessaire pour 1 000 élèves, qu'il n'est donc pas question d'envisager des effectifs plus lourds et une superficie plus étendue. »

En avril 1883 les plans et les devis furent approuvés par le conseil municipal. En août de la même année on procéda aux adjudications. L'une d'elles, concernant le quatrième lot (peintures, vitrerie) semblant entachée d'entente illicite, fut reportée au 27 octobre 1883. Alors tout aurait pu débuter. Il fallut cependant attendre le mois de novembre 1884, soit un an après l'acceptation des adjudications, pour que soit posée la première pierre : c'est qu'il avait fallu auparavant démolir l'enceinte Haxo, détourner l'eau des fossés et aplanir le terrain. Enfin les architectes Chatrousse et Ricoud purent donner l'ordre de débuter les travaux.

La bibliothèque du lycée Champollion.
(Collection Charlotte Castella-Perrachon).

Peu avant la rentrée scolaire 1887, les journalistes furent invités à visiter le nouveau lycée. Dire que les avis furent partagés serait un euphémisme : à part le *Réveil du Dauphiné* et *l'Avenir de l'Isère*, la grande masse des journaux critiquèrent la nouvelle construction qu'ils accusèrent de ressembler à une "caserne", à une "usine", à un "hôpital pour incurables". L'inauguration passa quasiment inaperçue, bien que célébrée en présence du ministre de l'Instruction Publique, Eugène Spuller. Heureusement le mal fut réparé l'année suivante lorsque le Président de la République, Sadi Carnot, en visite pour la célébration du Centenaire de la Révolution, y présida un banquet et visita le lycée par le menu.

VERS L'AVENIR...

Alors que s'achève ce livre, une page de l'histoire de Grenoble est tournée. Ce n'est pas, loin de là, la moins glorieuse, cette page dans laquelle s'inscrivent les noms prestigieux de Berriat, de Rey, de Mistral, de Deprez, de Jouvin, de Raymond... et tellement d'autres que la place restreinte dont nous disposions nous a obligés à ne pas citer ici...

Ainsi, nous aurions pu consacrer de belles et fortes pages au père des "Alloc...". Dauphinois ardent au travail, fils d'agriculteurs de Ville-sous-Anjou, Emile Romanet découvrit, durant la Première Guerre mondiale, alors qu'il dirigeait une chaudronnerie, la misère des ouvriers. Emu, il inventa les Allocations familiales.

A ses côtés aurait pu prendre place Léon Martin qui succéda, après avoir été son plus proche collaborateur, à Paul Mistral. Mais déjà nous aurions dépassé les limites "chronologiques" de ce livre. Cependant, dans cette page, parlant de Léon Martin, nous aurions ouvert les grandes pages qui narrent la prospérité de Grenoble : celle qui a amené la ville jusqu'à nous.

Léon Martin, dans la suite de Paul Mistral, ce fut l'école hôtelière, le gymnase municipal, la bourse du travail, un stade de 18 000 places ; et surtout la construction des "grands boulevards" et du téléphérique.

Ce téléphérique montant ou descendant de la "Bastille" le long d'un câble de 671 mètres en 3 minutes, aura été le témoin de l'extension et de la modernisation de la cité qu'il survole. Il aura vu les grandes réalisations des municipalités Dubedout (maire de 1965 à 1983) parmi lesquelles le transfert des casernes et celui de la prison Saint-Joseph, l'hôtel des postes, l'hôpital Michallon et son homologue "l'hôpital sud", la construction du campus universitaire... tout ceci couronné par les Jeux Olympiques d'hiver de 1968, continuant ainsi l'œuvre de ses prédécesseurs.

C'est dans cette continuité que s'est judicieusement et efficacement inscrit le "tombeur" de Dubedout : Alain Carignon, sous la municipalité duquel réapparut un tramway moderne au design révolutionnaire sans être choquant, eut lieu le réaménagement des grandes artères et des places de la cité, naquit le synchrotron, image de la collaboration scientifique européenne que seule Grenoble, ville moderne et tournée vers l'avenir et le futur, pouvait recevoir.

TABLE DES MATIÈRES

Réimprimé en Mai 1996
sur les presses de

REBOUL *IMPRIMERIE*

SAINT-ÉTIENNE

Dépôt légal : 2e trimestre 1996
N° d'imprimeur : 992